KB140041

북한의 직업세계와 일상생활

※ 이 책은 대진대학교 통일교육선도대학사업단의 지원으로 집필되었습니다.

북한의 직업세계와 일상생활

김정수 지음

『사람이 살고 있었네』

작가 황석영이 1989년 북한을 다녀온 이후 방문기 형식으로 쓴 책 이름이다. 그는 방문자의 시각으로 이 책을 써 내려갔다. 반향은 컸다. 마침 불어온 '북한 바로 알기' 흐름과 맞물려 통일·북한에 관심 있는 독자들로부터 큰 사랑을 받았던 작품이다. 방북 절차를 제대로 밟지 않은 황석영은 투옥되는 고초를 겪기도 하였다.

최근 이 책을 다시 읽어 보았다. 당시 황석영 작가에게 비친 북한의 다양한 모습들은 방문자에게 친절한 북한의 모습을 한 소설가의 느낌으로 적었던 것은 아닐까라는 생각이 들었다. 마치 외국을 여행하면서 그들의 모습을 느낌 가는 대로 적었다면, 그것이 실제 그 지역 주민들의 삶을 제대로 나타냈다고 할 수 있을까? 황석영의 눈에 비친 북한의 모습이 여행자의 시선에 비친 모습은 아니었을까? 어쩌면 황석영을 안내한 북한 인사의 시선으로 황석영은 북한을 그리지 않았을까? 황석영이 볼 수 있었던 북한의 모습은 매우 제한적이고 보여주고 싶은 곳들을 보았을 터이다.

사람이 어느 나라에서 살아간다는 것은 그 자연인이 속해 있는 국가의 보이지 않는 제도와 밀접한 연관성을 지니고 있다. 북한 주민들도 예외는 아니다. 북한 주민들이 '살고' 있다는 것은 단순하게 먹고, 입고, 자는 것만이 아니다. 어떻게 먹거리를 마련하고, 어떠한 모양의 옷을 입으며, 어떻게 자고, 무엇으로 재충전하면서 살아가는지의 참모습을 살펴볼 수 있게 될 것이다. 직업별로 그들의 일상을 살펴보고자 한 이유다.

그동안 북한을 공부해 오면서 '실제 있는 그대로의 북한의 구체적인 모습을 보여주는 책을 만나기가 어렵구나'라는 생각을 자주 했었다. 특히 북한이나 통일에 관심을 갖고 입문하려는 초보 북한학도에게 '북한은 이런 거야'라고 설명해 주는 책을 추천하는 데 어려움이 있었다.

이 책은 '북한 사람들은 어떻게 살고 있지?'라는 질문에 답하고자 쓴 책이라고 말하고 싶다. 물론 이 책 역시 독자들의 기대에 부응하지 못할 것임을 필자는 잘 알고 있다. 그럼에도 어쩌면 무모하기조차 한 집필에 도전한 계기는 대학생들에게 북한을 소개하고 싶은 욕심이 앞섰기 때문이다.

이 책은 다음과 같은 몇 가지 기본적인 의도를 갖고 집필에 들어갔다. 첫째, 북한을 입체적으로 보여주고 싶었다. 북한의 정치, 경제, 사회, 법·제도 등의 상부 구조가 주민들의 실제 모습인 하부에 어떻게 작동되고 있는지를 보여주고자 하였다. 둘째, 북한을 바라보는 선입견이나 편견으로부터 벗어나 실제 있는 그대로의 모습을 그려 보려고 노력하였다. '북한'에 대한 좌우 편향을 걷어내고, 다양한 집단의 주민들이 살아가는 그들 나름의 일상 모습을 쓰는 데 집중하였다. 셋째, 가능한 한 쉽게 읽을 수 있는 책을 쓰고자 하였다. 전문가들을 위한 책이 아니라 북한에 관심 있는 입문자를 위한 책이다. 특히 대학생들이 북한에 관심과 흥미를 느끼면서 읽어 주기를 바라면서 썼다.

이 책은 저자가 몇 년 동안 대구대학교 교양과목인 '일상으로 보는 북한' 강의를 진행하면서 쌓아 온 경험과 관련 탈북민 전문가들로부터 인터뷰 등을 종합한 결과물이다. 2년 전부터 탈북민에게 특강을 요청할 때, 강의 목차를 구조화하고 그에 따른 준비를 당부했었다. 적극적으로 협조해 준 탈북민 전문가들에게 이 자리를 빌려 고마움을 전한다.

여기에 채택되지 않은 직업군들은 중요하지 않기 때문이 아니라, 지면과 연구 역량의 제한으로 다음 기회로 미루고자 할 따름이다. 먼저 이 책에서 다루고 있는 주제들은 북한에서 갖는 중요성, 규모, 조직의 비중, 북한 변화를 볼 수 있는 점 등을 고려하였다는 점도 밝혀 둔다. 학생, 노동자, 농민, 군인, 노동당원, 의사, 무직 여성이 바로 여기에 해당된다. 앞으로 교사, 검사, 과학자, 경찰(사회안전성), 보위부 등의 직업군에 관한 연구로 그 범위를 확대해 나가고자 한다.

한반도에 평화의 기반이 튼튼하게 다져져 이 땅 위에서는 조그만 충돌도 일어나지 않기를 간절하게 바란다. 남북한의 교류가 다양한 분야에서 활발하게 이루어져 남북한 주민들의 왕성한 교류로 이어져 나가기를 희망한다. 특히 이산가족분들의 한 많은 사연들을 하루빨리 해소할 수 있도록 정책 당국자들의 분발을 기대한다.

끝으로, 이 책이 발간되는 동안을 포함하여 매일 하루같이 바쁜 남편과 아빠를 이해해 주고 성원해 준 아내와 아들에게 진심으로 고맙다는 말을 남긴다.

2022년 12월
대구대 본관 성산홀에서 김정수

제1장

왜, 북한 주민들의 일상생활에 주목하는가

북한, 한마디로 어려운 연구 주제이고 힘겨운 교류협력의 대상이다. 북한 전문가라는 사람들은 북한, 남북관계, 한반도 정세에 관해 전망하는 경우가 흔하다. 그 예견이나 전망들이 빗나가는 경우가 훨씬 많았다. 심지어 정확한 예측에 실패한 '전문가'는 자랑하듯이 자신의 빗나간 예상을 실토하기도 한다. 더 나아가서 북한과의 교류협력은 언제, 어떤 복병으로 멈춰설지 아무도 예상하지 못한다. 민간단체의 대북 교류협력도 예외가 아니다. 무리 없이 진행되는가 싶던 남북한 교류협력사업도 남북관계의 정치·안보적인 사안으로 말미암아 정지하는 경우도 흔하다. 대표적인 사례가 2016년 2월의 개성공단 폐쇄다. 같은 해 1월 북한의 제4차 핵실험에 연이은 2월의 대륙간탄도미사일(ICBM)의 발사로, 당시 박근혜 정부는 개성공단 철수를 전격적으로 결정해 버렸다. 개성공단 북한 근로자들의 임금이 북한의 핵과 미사일 개발에 사용되고 있다는 게 이유였다.

북한을 어떻게 공부하면 좋을까? 학문에는 왕도가 없다는 말은 동서고금을 막론하고 진실이다. 그럼에도 불구하고 주제에 따라 여타 방법과는 달리 상대적으로 효과 있는 공부 방법은 있다는 믿음은 설득력이 높다. 북한 사람들을 어떻게 보다 더 잘 이해할 수 있을까? 이러한 질문에는 그들의 직업과 그에 따른 생활의 이해가 지름길이다.

이 장에서는 북한연구의 필요성이 무엇인지 살펴보고, 일상생활 연구가 주는 의미 등을 살펴보고자 한다.

1. 북한연구의 필요성

우리는 왜 북한에 대해 관심을 가지고 공부하는가? 예전에 하나였던 나라가 분단되었기 때문이다. 분단으로 불편한 수준에서 머물면 참고 견디겠지만, 이로 말미암아 평화가 위협받거나 주변국들에 휘둘리는 경우가 많기 때문이다. 이는 현재 남과 북 구성원들에게 생명과 자산을 유지하기 힘든 상황이 연출되기 쉽기 때문이다. 더구나 과거 남북한은 서로에게 총부리를 겨누었던 뼈아픈 경험을 갖고 있다.

분단의 상처는 상대에게 총을 겨누기만 하는 게 아니라 우리 내부의 갈등에도 영향을 끼친다. 남한의 5대 갈등에는 계층 · 노사 · 이념 · 지역 · 세대별 갈등이 여기에 해당된다. 자세히 들여다보면 그 핵심에는 '분단'이 자리 잡고 있다. 사회적 갈등은 OECD 국가 가운데 튀르키예 다음이다. 이로 인한 갈등비용도 연간 246조에 이른다는 분석도 있을 정도이다.[1] 이 정도의 수준은 남한 예산의 약 40%에 이른다. 더욱 문제인 것은 점차 완화되어 가는 게 아니라 2005년보다 2013년에 더욱 악

---

1   임선태, "삼성경제硏, 韓 사회갈등에 따른 경제손실 年 246조," 《아시아 경제》 2013.8.21.

화되고 있다는 점이다.

저출산·고령화에도 분단은 영향을 미치고 있다. 출산과 양육에 쓰여야 할 국가재정이 외국으로부터 최신 무기를 사들여오는 데 사용되고 있다고 해도 과언이 아니다. 분단국가이니만큼 국가안보에 힘을 쏟아야 하겠지만, 분단을 빌미로 과도한 수입은 우리 경제뿐만 아니라 상대인 북한에 주는 영향도 적지 않을 것이다. 한 연구기관에 따르면 남북한의 군사비는 세계에서도 손꼽힐 만큼 규모가 매우 크다.

<그림 1-1> 남북한 국방력 및 군사비 대비

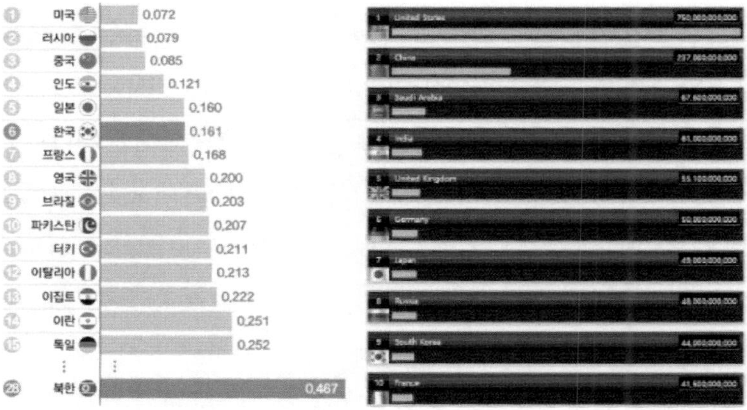

출처: 글로벌파이어파워(GFP)

미국의 한 군사력 평가 전문기관인 글로벌파이어파워(GFP)에 따르면 남한은 군사력 측면에서 세계 6위, 북한은 28위를 차지하고 있으며 군사비는 남한이 9위, 북한이 74위를 차지하였다. 세계에서 상위권에 존재하고 있다는 의미는 그만큼 대립의 강도도 강하게 부딪치고 있음을 보여주는 지표이다.

　분단으로 인한 대립과 대결의 시대에 마침표를 찍기 위한 출발점은 상대에 대한 이해로부터 출발할 수밖에 없다. 북한에 대한 공부와 연구가 필요한 이유다. 상대인 북한을 이해하지 못한 채 어떻게 교류협력할 수 있겠는가? 교류협력 하지 않으면서 어떻게 사람의 통일을 말할 수 있을까? 사람의 통일이 이루어져야 비로소 통일의 길이 보인다. 공부와 연구를 통해 북한을 '제대로' 이해하였다면, 그런 연후에 북한을 바라볼 때 보이는 북한은 그 이전과는 다른 큰 차이가 있을 것이다. 이해하고 나면 포용하지 못할 상대가 누가 있겠는가? 이제 북한의 일상을 이해하기 위한 지식의 강을 건너는 용기와 노력이 필요한 때다. 함께 차분히 그 선을 과감하게 넘어가 보자.

2. 일상생활 연구가 주는 의미

1) 황석영과 앙드레 지드

　『사람이 살고 있었네』

　1993년 소설가 황석영이 북한을 방문하고 돌아와서 펴낸 방북기 제목이다. 1989년 황석영 작가는 남북작가회담 참석차 평양을 방문하였다. 그때 그는 미지의 땅 평양을 방문하고 여기저기 두루 살펴보는 기회를 가졌다. 그가 방문하였던 공장, 농촌, 대학교 등에서 느낀 점들을 서술하고 있다.

황석영 작가가 말하고 있는 북한은 한마디로 "사람이 살고 있다"는 것이다. 그들도 "우리와 다를 게 없구나"라고 느끼면서, "아, 그곳에도 사람이 살고 있었구나"라고 결론을 도출하였다. 그는 남한보다 조금 덜 부유하지만 모두가 자신의 능력에 맞는 일을 하고, 무상교육이 이루어지고, 출신 성분과는 관계없이 재능에 따라 국가가 지원하여 하고 싶은 일을 하면서 생활하고 있다고 보고 있다. 과연 황석영은 1989년 북한의 평양을 '제대로' 둘러보고 '정확하게' 평가한 것일까?

여기서 잠깐 1936년 6월 소련을 방문하고 남긴 앙드레 지드의 『소련 방문기』를 살펴보자. 당시 프랑스 최고의 지성으로 평가받던 지드는 막심 고리키가 위독하다는 소식을 듣고 동료 작가들과 함께 프랑스를 떠나 소련에 서둘러 도착했다. 그러나 고리키는 이미 고인이 되어 있었다. 그는 고리키 장례 이후 소련작가동맹의 권유로 소련 국내를 한 달여 동안 여행하는 기회를 얻을 수 있었다.

그리고 프랑스로 돌아와 11월에 『소련 방문기』를 출간하고 다음과 같이 간략하게 요약했다. "소련은 노동자의 빈곤, 급료의 엄청난 격차, 부활한 특권, 비밀리에 형성되어 가고 있는 계급제도와 소비에트 소멸 등 1917년이 정복한 것들 모두를 점차 잃어가고 있다"고 적나라하게 소련을 비판하였다. 당시 유럽 지식인들 사이에서는 소련을 비판하는 것이 금기시되어 있는 유럽의 분위기 속에서 지드의 행동은 자살행위나 다름없었다. 그는 이듬해 3월 『소련 방문 수정기』를 출간하면서 한층 더 강하게 소련을 작심하고 비판하였다. 소련에 대한 마지막 미련조차 버렸던 작품으로 알려져 있다.

지드가 최근의 북한을 한 달 동안 여행하고 난 이후 여행기를 쓴다면 과연 어떠한 내용으로 쓰게 될지 상상하는 것은 재미있는 일이다. 황석영이 다시 북한에 관한 방북기를 쓴다면 "사람이 살고 있었네 2"라고 할지도 궁금하다. 구체적인 상상의 나래를 펼쳐보는 것은 독자의 몫으로 넘긴다.

2) 그동안 북한연구 진행 방향

8·15 해방과 함께 남북한 분단시대가 열렸다. 분단은 일제 강점기의 산물이었고, 분단으로 인해 남북한으로 갈라선 우리 겨레는 상대에게 깊은 상처와 강한 불신감을 안겨주어 왔다. 그 계기가 한국전쟁이었다. 한반도는 일제 강점으로 남한과 북한으로 양분되었고, 한국전쟁은 분단이 가져온 최악의 비극이었다. 북한학은 분단시대를 배경으로 탄생한 학문 분야이다.

분단시대가 장기화하면서 시대 흐름에 따라 북한연구의 방향도 많은 변화를 겪어왔다. 1950~1960년대 북한연구는 국제사회의 냉전의 흐름과 남북한의 극심한 체제 경쟁으로 말미암아 북한의 부정적인 측면을 폭로하려는 의도에서 이루어졌다. 1970년대에는 미소 데탕트와 남북한의 7·4 남북공동성명, 중국의 덩샤오핑의 개혁·개방 정책, 1985년 고르바초프 등장과 함께 추진된 페레스트로이카(개혁)와 글라스노스트(개방) 등으로 세계는 평화의 무드 속에서 사회주의권 연구가 활기를 띠기 시작했다. 이러한 분위기는 1980년대 말 남한의 노태우 정부가 북방정책을 추진하면서 더욱 가속화되기 시작해 1988년 〈민족자존과 통일번영을 위한 특별선언〉(7·7선언)을 발표하면서 '북한바로 알기운동'이 벌어지기 시작하였다.

북한연구는 냉전시대 전체주의 접근법을 시작으로 1970년대 비교 사회주의연구, 1980년대 말 내재적 접근법을 거치면서 2000년 초반부터는 일상생활연구방법, 행위자-네트워크이론 등으로 변화해 왔다. 이 가운데 남한사회의 북한연구는 전체주의 접근법과 내재적 접근법이 가장 대표적이라 할 수 있다. 전자의 학자들은 보수를 지향하고, 후자의 전문가들은 진보를 지향한다고 볼 수 있다. 이 둘의 관계는 북한·통일 학문 분야의 남남갈등 사례의 대표적이라 할 수 있다.

북한연구에서 가장 많이 사용되어 온 접근법이 전체주의 접근법이다. 이는 그동안의 북한연구가 북한체제에 대한 비판, 폭로, 남한체제의 우월성 등을 입증하려는 연구가 많았음을 보여주는 증표라고 볼 수 있다. 전체주의 접근법은 프리드리히(K. J. Friedrich)와 브레진스키(Z. K. Brzeziński) 두 사람이 이탈리아 무솔리니 정권이 지니고 있었던 파시스트 체제의 특징을 준거 기준으로 삼아 1950년대 소련의 스탈린 통치체제를 비판하려는 의도에서 적용한 이론이다. 이들은 전체주의 특징으로 6가지를 들고 있다.[2] ① 하나의 공식 이데올로기, ② 유일 대중정당, ③ 당의 지도자를 강력히 지지하는 공포적 경찰통제체제, ④ 모든 대중매체에 대한 당의 완전한 장악, ⑤ 군대에 대한 당의 완전한 장악, ⑥ 경제에 대한 중앙집권적 통제와 지도 등이다. 전체주의 접근법은 국가의 권력 유지와 안정이 최고의 가치이고 최선의 목적이므로 이를 위

---

2   Carl J. Friedrich, Zbingiew K. Brezinski, "Totalitarion Dictatorship and Autocracy," Harry Eckstein, David E. Apter, ed., *Comparative Politics: A Reader*(New York: The Free Press: 1963), p.467.

해서라면 어떠한 수단과 방법이라도 동원할 수 있다고 보고 있다.

이러한 전체주의 접근법은 사회주의체제 권력의 속성을 분명하게 이해하는 장점이 있는 반면, 선과 악으로 양분하려는 의도를 가지고 접근한다는 단점을 지니고 있기도 하다. 예를 들면 자본주의는 '선'이고 반면 사회주의는 '악'이라는 양분법적 발상이라는 점이다. 남한이 '선'이고 북한은 '악'이라는 '선입견'을 가지고 분석한다는 것이다. 그러므로 사회주의의 '변화'를 분석하는 데 매우 취약하다. 예를 들면 1인 독재체제가 과두체제로 변화, 제한적이나마 지방정부에 분권화 · 전문화된 엘리트 등용, 계획경제 내의 시장경제 도입 등을 설명하는 데 어려움이 있다.[3]

1990년을 전후하여 소련 및 동유럽에서 개혁 · 개방의 거대한 변화가 일어났다. 프랜시스 후쿠야마는 '역사는 끝났다'며 자본주의의 사회주의에 대한 승리를 선언하기도 하였다. 그러자 다른 한편에서는 송두율이 『역사는 끝났는가』라는 책을 출판하면서 대응하기도 하였다. 재독 한인 학자인 송 교수의 논지는 소련 연방이 해체한 이유는 자본주의 대 사회주의 승리가 아니라, 소련 내의 자체의 내재적 모순에 의한 것이므로 '체제'의 역사는 아직 끝난 것이 아니라는 주장을 펼쳤다.[4]

송 교수는 인류 역사의 흐름에 대한 자신의 견해를 피력하기 몇 년 전인 1988년 한 잡지에 기고한 글을 통해 '내재적 접근법'을 국내에 소

---

3 이에 대한 상세한 설명은 김정수, 『북한 이해의 축』 (경산: 상전재, 2017), 32-36쪽. 참조.
4 후란시스 후꾸야마 저, 『역사의 종말』 (서울: 한마음사, 1997); 송두율, 『역사는 끝났는가』 (서울: 당대, 1995) 참조.

개하였다.[5] 그는 이 논문에서 "사회주의 사회의 내재적 접근법"의 필요
성을 역설하면서, 사회주의 사회가 이룩한 성과를 바탕으로 이 사회가
이미 설정한 이념에 비추어 검토 비판해야 한다고 주장하였다. 이러한
송 교수의 북한 사회주의 연구 접근법은 강정구와 이종석 등에게로 이
어졌다. 강 교수는 "북한은 사회주의 사회이고 사회주의를 지향하고 있
기 때문에 사회주의가 지향하는 목적과 이념에 입각하여 북한사회 현상
을 설명하거나 비판하는 내재적 접근법을 중시해야 한다"고 주장했다.[6]

이종석은 '내재적 비판적 접근'을 주장하였다. 그는 북한연구의 접
근에서 기존의 '내재적'에 '비판적'을 덧붙여 자신의 논지를 보다 분명
하게 하였다.[7]

> 이 접근법은 한마디로 우리가 북한사회를 분석할 때 핵심적인 것
> 은 북한 사회주의가 지향하는 이념을 이해하는 것이고, 그것이 만
> 들어 낸 현실의 다양한 사회작동원리를 분석하는 것이며, 이 이념
> 이 북한사회 현실에 어떻게 구체적으로 구현되고 있는가(현실 정합
> 성 여부의 문제)를 관찰해야 하는 것이다. 즉, 1) 내재적 작동논리(이
> 념)의 해명과, 2) 논리의 현실 정합성에 대한 비판적 규명이 이 접
> 근방법의 핵심이다.

이종석은 이렇게 '비판적'을 덧붙인 이유에 대해, 기존의 '내재적 접
근법'은 "북한사회의 이념과 작동원리를 일방적으로 서술하는 흐름과

---

5 송두율, "북한사회를 어떻게 볼 것인가," 『사회와 사상』 통권 제3호(1988년 12월호), 107쪽.

6 강정구, 『통일시대의 북한학』(서울: 당대, 1996), 23쪽.

7 이종석, "북한연구방법론, 비판과 대안," 『역사비평』 통권12호(1990 가을호), 87-88쪽.

구별"하기 위함이라고 밝히고 있다.[8]

이러한 내재적 접근법은 한동안 치열한 논쟁으로 이어졌으나, 연구 방법으로서의 정밀한 분석 틀이라기보다는 인식론에 가까운 '접근 태도'라는 점으로 귀결되면서 정리됐다.[9]

전체주의와 내재적 접근법 모두 북한의 상층구조에 관심이 집중되었다. 두 접근방법 모두 북한의 정치, 경제, 사회 등에 집중함으로써 북한의 변화를 예측하지 못하였다. 전체주의 접근법은 북한이 모든 가치 기준을 김씨 일가의 안정과 체제에 두었기 때문에 변화는 곧 이러한 가치를 훼손하는 것으로 받아들였다. 내재적 접근법 역시 주요 관심 영역이 주체사상, 당-국가체제, 유일체제 형성과 후계 구축 등에 두었기 때문에, 주민들의 변화를 볼 수 있는 일상생활을 관심 있게 관찰하지 못했다는 비판으로부터 자유롭지 못하다. 상반된 철학과 세계사적 입장을 견지하는 이들 두 접근법은 역사를 움직이는 것은 민중이라는 시각을 갖지 못했던 공통점을 지니고 있다.

3) 일상생활 연구의 의의

일상생활 연구는 주민의 일상을 통해서 북한 사회주의 체제의 실제 삶의 내면을 들여다보는 것이다. 이전의 북한연구가 사상, 제도, 지도자, 체제 등 공식사회의 움직임을 분석하는 '위로부터의 연구'라는 데

---

8 이종석, 위의 논문, 98쪽.
9 고유환, "북한연구방법론의 쟁점과 과제," 『통일과 평화』, 제11집 1호 (2019), 11쪽.

대한 반성에 기초하여 2000년대 초부터 북한연구에 일상사 또는 일상
생활 연구방법이 도입됨으로써 '아래로부터의 주민들의 일상이 상부구
조에 어떻게 영향'을 미치는지 등에 대한 관심이 높아지기 시작했다.[10]

일상이란 개념은 특별하거나 비통상적인 것과 반대되는 통상
(Routine)을, 고위직에서 권력을 가진 사람들이 아닌 범상한 사람들(민중)
의 생활을, 공적이지 않은 사생활을 뜻한다.[11] '일상생활'에 주목하는
이유는 단순히 아래층에서 사회를 보려는 태도를 의미하는 것이 아니
라 아래층에서 이루어진 일이 때로는 지도자, 중앙관료의 힘보다 사회
의 모습을 결정짓는 데 더 중요한 요소로 작용해 왔음에 주목하는 것
이다.[12] 북한의 일상생활이 단순히 주민들의 일상을 모자이크로 재구성
하는 것이 아니라, 사실 일상의 모든 낱낱은 상층부와 인과관계를 형성
하면서 구체적인 모습으로 드러나게 되어 있는 것이다. 북한 주민들의
특정한 직업군의 일상생활이 단순하게 그 직업군만의 모습이 아니라
상층부와 연관 지어 분석해 보면 북한사회의 전체 모습이 비로소 온전
하게 그려지게 된다는 의미를 지니고 있다.

이러한 북한 주민들의 일상에 대한 연구가 가능해진 배경은 〈표
1-1〉과 같이 1990년대 중반 이후 북한사회에 일대 변화를 몰고 온
'고난의 행군' 이후 북한이탈주민(이하 탈북민)의 급격한 남한사회 입국
과 밀접한 관련이 있었다. 탈북민의 급격한 증가는 다양한 북한사회의
출신들이 입국함으로써 여러 층 일상의 참모습을 대면조사 하는 것이

---

10 고유환, 위의 논문, 15쪽.

11 강수택, "일상생활의 개념과 일상생활론의 역사," 『사회과학연구』, 제15권(1997), 116-117쪽.

12 박순성 외, "북한 일상생활 연구의 방법론적 모색," 『현대북한연구』, 제11권 3호(2008), 19쪽.

가능하게 되었기 때문이다.

<표 1-1> 북한이탈주민의 입국인원 현황

구분	~'98	~'01	'02	'03	'04	'05	'06	'07	'08	'09	'10	'11	'12	'13	'14	'15	'16	'17	'18	'19	'20	'21	'22.6 (잠정)	합계
남(명)	831	565	510	474	626	424	515	573	608	662	591	795	404	369	305	251	302	188	168	202	72	40	3	9,478
여(명)	116	478	632	811	1,272	960	1,513	1,981	2,195	2,252	1,811	1,911	1,098	1,145	1,092	1,024	1,116	939	969	845	157	23	16	24,356
합계 (명)	947	1,043	1,142	1,285	1,898	1,384	2,028	2,554	2,803	2,914	2,402	2,706	1,502	1,514	1,397	1,275	1,418	1,127	1,137	1,047	229	63	19	33,834
여성비율	12.2%	45.8%	55.3%	63.1%	67.0%	69.4%	74.6%	77.6%	78.3%	77.3%	75.4%	70.6%	73.1%	75.6%	78.2%	80.3%	78.7%	83.3%	85.2%	80.7%	68.6%	36.5%	84.2%	72.0%

출처: 통일부 홈페이지

| 참고문헌

강정구. 『통일시대의 북한학』. 서울: 당대, 1996.

김정수. 『북한 이해의 축』. 경산: 상전재, 2017.

송두율. 『역사는 끝났는가』. 서울: 당대, 1995.

후란시스 후구야마 저. 이상훈 역. 『역사의 종말』. 서울: 한마음사, 1997.

Carl J. Friedrich, Zbingiew K. Brezinski, "Totalitarion Dictatorship and Autocracy," Harry Eckstein, David E. Apter, ed., *Comparative Politics: A Reader*. New York: The Free Press: 1963.

강수택. "일상생활의 개념과 일상생활론의 역사." 『사회과학연구』. 제15권. 1997.

고유환. "북한연구방법론의 쟁점과 과제." 『통일과 평화』. 제11집 1호. 2019.

박순성 외. "북한 일상생활 연구의 방법론적 모색." 『현대북한연구』. 제11권 3호.

송두율. "북한사회를 어떻게 볼 것인가." 『사회와 사상』 통권 제3호. 1988년 12월호.

이종석. "북한연구방법론, 비판과 대안." 『역사비평』. 통권 권12호. 1990.

임선태. "삼성경제硏, 韓 사회갈등에 따른 경제손실 年 246조." 《아시아 경제》 (2013.8.21.).

제2장

북한 학생들의
일상생활

모든 국가는 구성원들의 국민적 동질성을 유지하고 확대하고자 한다. 사회주의 국가인 북한도 예외일 수 없다. 북한은 '주체형의 사회주의 인간형'을 길러 내는 데 교육목표를 두고 있다. 주체형의 사회주의 인간형 창출이 북한사회가 지향하는 동질성이다. 반면 남한은 홍익인간을 교육목표로 두고, 모든 교과과정의 핵심으로 자리 잡고 있다.

북한의 교육은 해방 이후 초기에는 소련의 영향을 많이 받았으며, 교육체계는 1946년 2월 북조선임시인민위원회가 본격화되면서 '초등학교'를 '인민학교'로 바꾸는 등 일제의 잔재를 지우기 위한 노력을 기울여 나가기 시작하였다.

북한의 교육은 김일성-김정일-김정은으로 이어지면서 무상교육의 강화와 의무교육의 기간이 늘어나기 시작하였다. 교육을 국가가 책임진다는 것은 국민들로부터 엄청난 지지를 얻게 되는 기제로 작용하였으며, 독립 운동가들이 한결같이 주창하던 내용들이었다. 북한 교육은 한국전쟁 이후에는 '일하면서 배운다'는 기치 아래 1956년 4년제 초등 의무교육이 추진되었으며, 이어 1958년에는 중학교까지 7년제 의무교육, 그리고 1967년에는 9년제 의무교육이 시행되었다. 이후 1975년에는 11년, 2014년부터는 12년제 의무교육을 준비해 2016년부터는 전면적으로 시행할 것을 목표로 하였다.

북한에서도 시대의 변화에 따라 교육의 내용과 형식이 조금씩 바뀌긴 하였으나, 그 중심에는 '주체적 교육'이 자리 잡고 있다. 북한의 교육 목표가 학교생활에서 어떻게 교육되고 내면화되는지 북한 학생들의 일상을 통해 이해하는 것이 이 장의 목적이다.

1. 북한 소학교 학생들의 일상생활

1) 북한 소학교 학생들의 하루는 어떻게 보낼까?

북한에서는 7세가 되면 소학교에 입학한다. 소학교는 남한의 초등학교에 해당된다. 입학식 날은 새해의 4월 1일이다. 봄기운이 만연할 무렵 입학식이 열린다. 입학식이 남한과 비교할 때 약 1개월 정도 늦은 이유는 북한지역의 추운 날씨가 한 몫 했을 터이다. 소학교는 5년으로 남한과 비교할 때 1년이 짧다. 2012년 이전까지는 인민학교라고 부르며 4년 동안 다녔다. 이후 1년이 길어지고, 북한의 의무교육 기간도 12년으로 늘어나면서 남북한의 교육 학제를 비교하면 〈표 2-1〉과 같이 남북한이 유사한 형태를 보여주고 있음을 알 수 있다.

〈표 2-1〉 남북한 학제 비교

남한(나이)		북한(나이)	
유치원 2년	6~7	유치원 낮은반 1년	5
		유치원 높은반 1년	6
초등학교 6년	8~13	소학교 5년	7~11
중학교 3년	14~16	초급중학교 3년	12~14

남한(나이)		북한(나이)	
고등학교 3년	17~19	고급중학교 3년	15~17
대학교 2~4년	20~	대학교 2~4년	18~

※ 글씨가 굵은 부분은 남북한 12년 의무교육 기간을 나타낸 시기임

　북한의 학생들은 일찍 등교한다. 북한은 학교가 집 근처에 위치하고 있어서 대부분 걸어서 학교에 다닌다. 도로 사정도 남한과 같지 않아 도로는 거의 비포장 상태로 놓여 있는 경우가 많다. 자동차는 평양에서는 2018년 이후 급속하게 늘어나는 추세지만 시골에서는 자동차를 타고 다니기란 매우 어렵다. 필자가 2007년 7월 평양을 방문하여 평양에서 남포까지 청년고속도로를 달리는데 고속도로 맞은편에서 달려오는 차량은 거의 발견하지 못했다. 물론 15년 전의 경우라고 하지만, 남한의 고속도로와는 오가는 차량의 수나 고속도로 노면 상태가 비교하기 어려울 정도로 낮은 편이다. 북한에서 가장 일반화된 교통수단은 자전거를 많이 이용한다. 자전거가 재산목록 1호인 셈이다.

　북한의 학생들은 등교할 때 마을회관에 모여 집단적으로 등교하는 게 일반적이다. 마을 중앙에 모인 학생들이 인솔자를 정해 노래를 부르면서 대열을 지어서 함께 학교로 향한다. 북한의 학생들은 어릴 적부터 '전체는 하나를 위하여 하나는 전체를 위하여'라는 구호를 등교하는 동안의 집단적 행동을 통해 체득해 나간다고 볼 수 있다. 이렇게 학생들이 집단적으로 오전 7시 40분 이전에는 교실에 도착한다. 이때부터 수업이 시작되기 전까지 '독보회'를 진행한다. 독보회란 한 학생이 교실 앞으로 나가서 정치사상이 실린 신문 사설이나 정부의 정책을 낭독하는 시간을 말한다. 남한의 학생들이 이해하기 힘든 시간이다. 매일

아침 신문을 읽는다는 취지에서는 올바른 시간이라고 할 수 있지만, 이를 통해 개인의 사상과 가치관을 통제하기 위한 수단으로 활용된다면 권위주의 체제를 유지하기 위한 조치에 지나지 않는다.

〈표 2-2〉 북한의 소학교 학생들의 일과

시간	일과
07:00~07:40	집단 등교
07:40~08:00	독보
08:00~08:45	1교시
08:55~09:40	2교시
09:50~10:35	3교시
10:35~10:55	업간체조
11:00~11:45	4교시
11:45~12:00	종례시간
12:00~13:30	점심시간
13:30~16:00	과외활동

출처: 국립통일교육원 북한청소년백과, "학교에서의 하루 일과는 어떻게 짜여져 있나요?", 2022년 6월 31일 검색

북한의 소학교를 비롯한 대학생들까지 1교시 수업은 아침 8시에 시작된다. 북한의 소학교는 45분 수업 시간에 10분 휴식하는 형태로 진행한다. 쉬는 시간 동안에는 화장실을 다녀온다든지, 제기차기, 공놀이 등으로 시간을 보낸다. 3교시를 마치고 약 15분 정도의 체조 시간을 갖는데, 이를 '업간체조'라고 한다. 남한의 경우는 1980년대까지 '중간체조'라 하여 2교시를 마치고 전교생이 운동장에 집결하여 국민체조를 실시하였으나, 최근에는 사라지고 없다.

4교시를 마치면 북한에서도 점심시간이다. 북한의 점심시간은 집이 가까운 학생들은 집에 가서 점심을 먹고 오는 경우가 대부분이다. 거리가 먼 학생들은 도시락을 싸오기도 한다. 남한의 급식과 같은 문화는 존재하지 않는다.

북한의 학생들은 소학교에서 무엇을 배우고 있을까? 초등 교육과정은 〈표 2-3〉과 같이 소학교 5년 동안 김일성, 김정일 그리고 김정은의 어린 시절, 국어, 수학, 자연 등 13개 과목을 배운다. 주당 수업 시간은 국어와 수학의 비중이 매우 높으며, 예체능 비중도 남한 학생들의 교육과정과 비교할 때 무게를 두고 교육하고 있음을 알 수 있다. 눈에 띄는 과목명은 자연, 정보기술, 음악무용, 도화공작으로 남한의 과학, 실과, 음악, 미술에 해당된다. 남한의 도덕 과목도 '사회주의 도덕'으로 부르고 있다.

〈표 2-3〉 북한의 소학교 교과과정

구분	교 과 명	학년별 주당 수업 시간 수				
		1학년	2학년	3학년	4학년	5학년
1	위대한 수령 김일성 대원수님 어린 시절	1	1	1	1	1
2	위대한 령도자 김정일 원수님 어린 시절	1	1	1	1	1
3	항일의 녀성영웅 김정숙 어머님 어린 시절	1				
4	경애하는 김정은 원수님 어린 시절	1	1	1	1	1
5	사회주의 도덕	1	1	1	1	1
6	수학	4	5	5	5	5
7	국어	7	7	7	7	7
8	자연	1주	1주	2	2	2
9	음악무용	2	2	2	2	2

구분	교 과 명	학년별 주당 수업 시간 수				
		1학년	2학년	3학년	4학년	5학년
10	체육	2	2	2	2	2
11	도화공작	2	2	2	2	2
12	영어				2	2
13	정보기술〈컴퓨터〉			1주	1주	

출처: 국립통일교육원, 『북한의 이해』(서울: 국립통일교육원, 2021), 242쪽

김정은 위원장 등장 이후 북한의 소학교 3학년부터 컴퓨터와 4학년 부터는 영어를 배운다. 북한의 영어 교육은 과거에는 주로 작문 위주 의 수업을 진행하였으나, 최근에는 회화 위주로 바뀌었다. 소학교 5학 년부터는 프로그래밍을 공부한다. 북한은 〈과학의 요새를 점령하라〉는 당의 방침을 실현하려는 움직임이 강하게 나타나고 있다. 과학교육이 북한 교육에서 큰 비중을 차지하고 있음을 보여주는 사례이다.

북한의 영재교육은 과학, 수학, 음악, 체육 분야 등에서 다양하게 이 루어지고 있다. 예술 분야의 경우는 유치원에서부터 진행되고 있어서 치열한 경쟁이 일찍부터 조기교육으로 진행되고 있다고 볼 수 있다. 특 히 1990년대 사회주의 강성대국을 목표로 제시할 때 과학과 수학 교 육이 강조되었다. 조기 영재교육의 강화 차원에서 평양에 위치한 창광 유치원과 경상유치원은 명문 유치원으로 각광을 받았다. 소학교〈인민 학교〉학생들은 만경대소년궁전과 평양학생궁전에서 영재교육을 담당 하였으며, 각 도에서 1개씩 '궁전'을 두어 영재교육을 선도하는 역할을 하였다. 소학교 3학년부터 영재교육 선발시험 자격을 부여하였으며, 각 학교의 1, 2등만 응시해 그 가운데 우수한 학생들을 선발하여 지역 의 제1중학교에 진학할 수 있다.

2) 방과 후와 주말에는 무엇을 할까?

북한의 소학교 학생들은 5교시를 마치면 수업은 대부분 마무리된다. 이후에는 방과 후 활동이 진행된다. 방과 후 활동은 주로 과외와 소조활동으로 이루어진다. 예를 들면 소조활동, 예술교육, 교과활동 보충, 운동회 연습, 집단체조 연습, 토끼 사육 등이다.

소조활동은 소년단과 김일성-김정일 청년동맹이 대표적이다. 소년단은 북한의 8세부터 13세까지 학생이라면 누구나 가입해야 하는 조직이다. 소학교 2학년부터 초급중학교 3학년까지 학생들이 가입 대상이다. 소학교 2학년 학생들은 1년에 3차례로 나누어 입단시키고 있다. 1차적으로는 김정일의 생일인 2월 16일 북한에서 말하는 광명성절에 30% 입단시키고, 북한에서 영원한 수령인 김일성의 생일인 4월 15일에 50%, 그리고 소년단 창립일인 6월 6일에 나머지 20%를 입단시킨다. 먼저 입단한 학생들은 자부심을 갖는 반면 마지막으로 가입한 학생들은 경쟁에서 밀려난 열등감을 갖는다고 전하는 탈북민도 있다. 소년단의 상징인 붉은 넥타이는 항일투쟁에 앞장섰던 선열들의 피를 상징하고 있으며, 경례구호는 '항상 준비'다. 이는 1958년 김일성이 "소년단은 공산주의 후비대로서 지·덕·체를 항시 겸비하도록 하시오"라는 교시에 의한 것으로 알려져 있다. 소년단은 가입 행사 때 입단 선서도 한다.

▲ 조선소년단 입단 선서
나는 아버지 김일성 원수님께서 세워주시고 이끄시는 영광스러운 조선소년단에 입단하면서 언제 어디서나 원수님의 가르치심대로 사고하고 행동하며…조직에 철저히 의거하여 조직의 위임분공 수

행에 모범이 되며 체력을 튼튼히 단련하고 학습과 소년단조직 생활을 잘 하여 공산주의 건설의 믿음직한 후비대로 억세게 자라날 것을 소년단기 앞에 엄숙히 맹세합니다.

〈그림 2-1〉 소년단 선서를 따라 하는 북한의 어린이들 모습

북한에서 예체능은 선전선동의 영향으로 학교교육 내에서도 상당한 비중을 차지하고 있다. 특히 음악의 경우는 '음악정치'라고 할 정도로 선전선동에 활용되는 데 무게를 두고 있다. 예체능 교육은 정규 교육과정에서 다루기보다는 과외와 소조활동에서 이루어지는 경향이 짙으므로, 방과 후 활동은 예체능이 보편적이고 다양하게 진행되고 있다. 이러한 활동은 유치원 때부터 진행되므로 소학교 교사들은 학생들이 악기를 하나 이상 다룰 수 있도록 지도하는 게 의무로 여긴다고 한 탈북민 출신 여교사는 북한에서의 생활을 회고했다. 보통 손풍금(아코디언), 기타, 피리, 하모니카 등 개인이 보관하기도 용이하고 다루기 쉬운 악기를 선호한다.

북한의 학생들은 노동에도 참여하고 있다. 북한의 교육정책에서는

원칙적으로 학생에게 노동 부과는 금지하고 있다. 그러나 학생들의 노동 없이는 농번기의 일손이 부족하기 때문에 자급자족 차원에서 학생들이 노동에 참여하게 된다. 대표적으로는 토끼 사육을 꼽을 수 있다. 당번이 정해지게 되면 토끼풀을 1인당 몇 킬로그램씩 "학교에 바치시오"라는 할당량을 받게 된다. 이런 식으로 교내의 토끼 사육은 학생들에 의존하여 이루어지고 있다.

보통 오후 4~5시경에 학교를 마치고 귀가한다. 귀가하고 나면 마을 친구들과 어울려 놀기도 하고, 학습반 친구들과 함께 숙제를 하면서 오후를 보낸다.

3) 방학은 어떻게 보낼까?

방학은 학생들이 제일 좋아하고 기다리는 시간이다. 방학을 이용하여 여행, 취미 그리고 학업을 보충하는 기회로 활용하기도 한다. 최근 남한의 방학은 여름이나 겨울 모두 약 한 달 정도의 기간을 보낸다. 북한의 경우는 방학 기간이 어느 정도이며, 주로 무엇을 하면서 시간을 보낼까?

북한의 소학교 경우 여름방학과 겨울방학은 기간이 큰 차이가 있다. 여름방학의 경우는 8월 15일부터 말까지 보통 보름 정도이다. 반면 겨울방학은 1월 1일부터 2월 중순까지 약 45일 정도의 기간을 보내게 된다.

북한의 소학교 학생들은 방학 동안 마냥 자유로운 시간만은 아니다. 학생들은 학교에서 내준 '일정표'에 따라 시간을 보내야 한다. 일정표는 보통 학급과 동네가 같은 학생들 6~7명으로 '생활반'을 구성하여 아침에 달리기, 독보회, 오전학습 등을 하게 되어 있다. 오후에는 신체단

련과 취미활동도 함께 한다. '학습반'도 구성되는데 매일 집집마다 돌아가면서 오전에 모여 숙제를 한다. 공부 잘하는 학생과 학력이 뒤처지는 학생들이 두루 섞여 구성된다. 서로 이해하고 돕는 과정을 통해 친구들과 우정을 돈독하게 하려는 취지이다. 매주 토요일은 소집일이다. 한 주 동안 학습한 내용을 담임 선생님에게 보여드리고 검사도 받는다.

방학 기간에 북한의 학생들은 '노력지원활동'도 의무적으로 수행하게 되어 있다. 겨울방학 기간인 1월 3일은 '퇴비 반출의 날'로 정해져 있어서, 일정량 이상의 퇴비를 학교에 제출해야 한다. 남한의 경우도 1970년대 중반 시골에서는 고학년의 경우 여름방학이 끝나면 일정량의 퇴비를 학교에 제출해야 했다. 북한 학생들은 외화벌이 사업의 일환으로 토끼 사육이 의무화되어 1인당 3~5마리를 바쳐야 한다. 이 외에도 학교 운동장 고르기 작업, 나무 심기, 교실 증개축 및 보수 참여 등을 수행해야 한다. 겨울방학의 경우는 제설작업, 땔감 확보에도 나서지 않으면 안 된다. 비상소집의 경우는 연락을 받은 학생이 다음 학생에게 연락하고 곧바로 학교로 향해 10분 내에 도착해야 한다.

학생들은 이러한 과제를 해결하고 나면 자유로운 시간을 갖는다. 여행을 떠난다든지, 친척 집 방문이 가능하다. 김정은 위원장 등장 이후에는 북한 주민들의 여가 및 여행 활동이 화려해지는 모습을 보여주고 있다. 특히 2014년 1월 북한이 마식령스키장을 개장하고, 북한 주민은 물론 외국인 관광객 유치에 상당히 정성을 기울이고 있다. 마식령스키장은 과학기술전당과 마찬가지로 김 위원장의 최대 치적으로 꼽히는 곳이기도 하다. 북한 방송에서는 스키장 홍보에 열을 올리고 있지만, 북한의 시골 학생들에게는 TV로 보는 것으로 위안을 삼아야 한다. 특히 최근 코로나 19에 대응하는 북한의 방역체계는 철저한 봉쇄조치로 대응하고 있어서 관광지역의 여행이나 친척 집 방문은 힘들 것으로 보인다.

2. 북한 중학교 학생들의 일상생활

1) 북한 중학교 학생들의 하루는 어떻게 보낼까?

북한의 중등교육 과정은 6년이다. 남한과 같은 기간이다. 다만 남한은 중학교 3년, 고등학교 3년 과정으로 나누어져 있는데, 북한은 6년으로 합쳐져 있다. 첫 3년은 초급중학교, 뒤의 3년은 고급중학교로 운영되고 있다. 2012년 학제 개편 이전에는 고등중학교라 하여 남한과 같이 중학교 3년, 고등학교 3년 등의 학제를 운용하였다. 이 무렵 남한에서는 흔히 중고등학교라고 명명한 데 반해, 북한에서는 고등중학교라고 해서 남북한 사이에 차이가 있었다. 남한에서는 중고등학교 과정에서 대부분 남녀공학을 운영하는데 북한에서도 1989년부터는 남녀공학으로 남학생과 여학생을 구분하지 않고 함께 학교에서 공부한다.

북한에서 수업이 오전 8시에 시작하기 때문에 학생들은 대개 7시에서 7시 30분 사이에 학교에 도착한다. 도시지역은 거주지에서 학교까지 거리가 가까워 등교하는 데 걸리는 시간이 짧은 반면에 농촌에서는 학교가 멀어서 1시간 이상 걸어서 통학하는 경우도 있다. 7시 40분에 담임 선생님이 조회를 한다. 출석을 체크하고 '독보' 시간을 갖는다. 이때는 『로동신문』 사설이나 김일성 및 김정일의 '말씀'을 읽는 시간이다. 본 수업은 8시부터 시작한다. 수업 시간은 45분 수업, 10분 휴식 시간으로 진행한다. 2교시 또는 3교시를 마치면 소학교와 마찬가지로 '업간체조'를 약 20분 정도 실시한 이후 교실로 돌아와서 4교시를 마치고 종례를 한다는 점이 특이하다. 북한에서는 오전 수업으로 하루 일과를 마무리한다는 의미에서 종례를 하는 전통을 갖고 있다고 한 탈북민 교사는 말했다. 그리고 1시간 30분 정도의 비교적 긴 시간의 점심시간을 갖는다. 남한의 경우는 50~60분 정도의 점심시간을 갖는 것이 일반적이다. 점심시간 이후 1~2시간 정도 수업을 진행하고 방과 후 일과를 시작한다. 이와 같은 북한 중학교 학생들의 일과를 간단하게 〈표 2-4〉와 같이 정리해 볼 수 있다.

〈표 2-4〉 북한 중학생들의 하루 일과

시 간	주요 내용	주말 및 일요일
07:30	모임장소 집합	
07:40	학교 도착(출석 점검, 독보)	
08:00~08:45	1교시	
08:55~09:40	2교시	**토요일**
09:50~10:35	3교시	오전수업2교시 후
10:35~10:55	업간체조	
11:00~11:45	4교시	**생활총화시간**
11:15~12:00	종례	**오후 과외활동**
12:00~13:30	점심시간	
13:30~14:15	5교시	
14:25~15:10	6교시	❖ **일요일 휴식**
15:30~18:00	소조활동 및 과외활동	
18:00~	하교	

북한에서 중학생들은 이러한 일정 속에서 구체적으로 어떤 내용으로 얼마만큼의 수업을 진행하는지 알아보도록 하자. 2012년 교과과정 개편 이전에는 재학 6년 동안 23개 과목을 교육하였으나, 개정 이후에는 초급중학교와 고급중학교에서 각각 16개와 22개로 분리하여 교육과정을 운영하고 있다. 초급중학교의 주당 수업 시간은 32시간이고, 교과 외 활동은 과외 학습, 소년단 활동, 예체능 등으로 편성되어 있다. 북한의 초급중학교 교육과정은 〈표 2-5〉와 같다.

〈표 2-5〉 북한의 초급중학교 교육과정

구분	교과명	학년별 주당 수업 시간		
		1학년	2학년	3학년
1	위대한 수령 김일성 대원수님 혁명활동	2	2	
2	위대한 령도자 김정일 대원수님 혁명활동		2	2
3	항일의 녀성영웅 김정숙 어머님 혁명활동	1		
4	경애하는 김정은 원수님 혁명활동	1	1	1
5	사회주의 도덕	1	1	1
6	국어	5	5	5
7	영어	4	4	4
8	조선력사	1	1	2
9	조선지리	1	1	1
10	수학	6	6	6
11	자연과학	5	5	5
12	정보기술	2주	2주	2주
13	기초기술	1		1
14	체육	2(1주)	2(1주)	2(1주)
15	음악무용	1	1	1
16	미술	1	1	1

출처: 국립통일교육원, 『북한의 이해』(서울: 국립통일교육원, 2021), 244쪽.

북한 중학교 교과목에서 살펴보면, 정치사상 교과목과 수학, 국어, 과학, 영어 등의 교과목 비중이 높은 편이다. 특히 수학 과목의 비중이 높은 것이 인상적이고, 제1외국어로 중국어나 러시아어가 아니라 영어를 핵심 외국어로 가르치는 대목은 북한의 글로벌화를 지향하려는 의지가 아닌가 생각된다. 정치사상 교육을 강조하려는 의지는 '김정은 혁명활동'을 신설한 데서 읽을 수 있다. 북한은 해방 이후 혁명정신을 강조해 온 전통을 계속 이어가고 있다.

한편, 고급중학교 학생들의 경우 주당 수업 시간은 34시간으로 초급중학교에 비교해 2시간이 늘어났다. 교과목 수는 22개로 초급중학교와 비교할 때 6개 과목이 늘어났다. 주체를 앞세우는 북한이 한문 교육을 공식화한다는 것이 흥미롭다. 교과목별로는 수학, 물리, 화학 등의 비중이 높고, 영어 교과의 비중이 국어문학보다도 오히려 높은 것이 눈에 띄는 대목이다. 교육과정은 정규 수업 시간 이외에 과외 학습, 청년동맹 생활, 예체능 등의 방과 후 활동으로 이어진다.

〈표 2-6〉 북한의 고급중학교 교육과정

구분	교과명	학년별 주당 수업 시간		
		1학년	2학년	3학년
1	위대한 수령 김일성 대원수님 혁명력사	3	2	
2	위대한 령도자 김정일 대원수님 혁명력사		2	4
3	항일의 녀성영웅 김정숙 어머님 혁명력사		1/2	
4	경애하는 김정은 원수님 혁명력사	1	1	1
5	당 정책	1주	1주	1주
6	사회주의 도덕과 법	1	1	1

구분	교과명	학년별 주당 수업 시간		
		1학년	2학년	3학년
7	심리와 론리			1주
8	국어문학	3	2	3
9	한문	1	1	1
10	영어	3	3	3
11	력사	1	1	2
12	지리	1	1	1
13	수학	5	5/4	4
14	물리	5	4	2
15	화학	3	4	2
16	생물	3	3	3
17	정보기술	2	1	1
18	기초기술	2주	3주	3주
19	공업(농업)기초			4
20	군사 활동 초보		1주	1주
21	체육	1	1	1
22	예술	1	1	1

출처: 국립통일교육원, 『북한의 이해』 (서울: 국립통일교육원, 2021), 246쪽.

북한은 중학교가 학생으로서 가장 중요한 시기이다. 중학교는 학급
편성에서부터 공부 잘하는 학생반(우등반)과 일반 학생반으로 나누어서
수업을 진행한다. 담임 선생님의 경우도 6년 동안 학급 학생들의 성적
향상에 온 힘을 기울인다. 북한은 담임을 한번 맡으면 소학교 5년 동
안 바뀌지 않으며, 중학교도 6년 동안 계속해서 그대로 이어진다. 따라서
담임 선생님을 어떤 분을 만나는가도 매우 중요하다. 수학 · 물리 · 화
학 담당 선생님들의 경우 우등반에 배정하는 경우가 많으며, 혁명역사
및 체육 담당 선생님들은 일반반에 배정되는 경우가 흔하다고 한 탈북

민 교사 출신은 전해 주었다.

2) 방과 후와 주말에는 무엇을 할까?

남한의 학생들은 방과 이후 주로 학원으로 달려가는 모습을 흔히 볼 수 있다. 고등학교 3학년의 경우는 '야간자습'이라고 하여 밤늦은 시간까지 교실에서 공부하기도 한다. 북한에서는 과외나 학원이 존재하지 않는다. 남한의 사교육에서 담당하는 역할과 기능을 북한에서는 공교육에서 담당하고 있다.

북한에서는 중학생들이 수업이 끝나면 오전에 배운 내용을 복습하는 경우가 많다. 이 시간에는 담임 선생님의 지도하에 복습하고, 잘 이해하지 못한 부분을 다시 설명하는 시간으로 활용한다. 이때 공부를 잘하는 학생들이 학업 능력이 뒤처지는 친구들에게 도움을 주기도 한다. 오후에 이러한 공부 시간은 1주일에 2~3번 정도 있다.

음악, 미술, 체육과 같은 과목들은 소조활동을 통해 기능을 익히고 연마해 나간다. 북한의 학생들은 우리의 동아리와 비슷한 소조활동을 조직해서 자신의 취미활동을 이어간다. 즉 학교마다 음악소조, 미술소조, 체육소조, 수학소조, 물리소조 등을 조직하고, 누구나 들어가서 활동이 가능하게 열려 있다. 특히 음악과 수학 소조활동에 학생들이 많이 몰린다고 한다. 중학교 6학년이 되면 입학시험을 앞두고 공부 잘하는 학생들과 함께 하기 위함이란다. 명절 때는 학교별로 운동회를 여는데 체육소조 학생들로 대표를 조직해서 경기를 진행하기에 소조활동이 일상생활과 밀접한 연관성이 있다.

최근에는 개인과외도 종종 있다고 전해진다. 특히 그 분야의 예술적 재능이 뛰어나거나, 재능을 키우고 싶은 가정에서는 부모들이 학교 선생님이나 대학교수 등을 초빙하여 과외를 받는다고 한다. 물론 재능도 있어야 하지만 과외를 시킬 수 있는 재력도 뒷받침되어야 가능하다.

중학교 학생들은 매년 농번기에 농촌지원활동을 하는데 1~4학년은 연간 4주, 5~6학년은 8주를 농촌지역이나 건설현장을 의무적으로 지원해야 한다. 그리고 4학년이 되면 소년단 생활을 종료하고, '청년동맹'에 가입해 '붉은청년근위대' 소속이 되어 군사훈련을 받아야 한다. 군사훈련은 학교 내 교육과 근위대 야영훈련소 훈련으로 구분되는데, 학내에서 교육훈련은 주당 6시간, 연간 약 24시간 실시한다. 야외훈련은 각 시·군 소재지 근위대 야영훈련소에서 15일 동안 입소해 집체훈련을 받고 실탄사격 훈련으로 마무리된다.

북한 중학생들은 토요일에도 등교하여 오전에 2시간의 수업을 받는다. 이후 생활총화를 실시하고 나서 점심을 먹고 오후에 과외활동을 한다. 평일과 다름없으며 주말이라는 개념과는 거리가 멀다. 북한의 학생들이 가장 싫어한다는 생활총화 시간에는 자신이 먼저 지난 한 주를 반성하는 발언으로 시작한다. 지각, 수업 시간 산만, 휴식 시간 늦게 교실에 들어온 점, 파철·파동·파지 할당량 채우지 못한 점 등을 주로 반성한다고 한다. 점심은 자기 집에 들러서 먹고 다시 학교로 온다.

오후 과외활동은 숙제도 하고 밀린 공부도 하는데 북한에서는 '나머지 공부'라고 부른다. 한 탈북민은 중학교 시절 음악소조에 가입해 활동함으로써 여타 과제에서 비교적 자유로울 수 있어서 상대적으로 편안한 학교생활을 했었다고 회고했다. 그는 토끼 가죽을 1년에 4개씩만 제출했는데, 일반 학생들은 월 1~2개씩 제출하는 것으로 부담이 매우 컸다고 말했다. 파철이나 파지를 제때 제출하지 못한 학생들은 부모에게 졸라서 부모들의 회사에서 훔쳐다가 제출하는 경우도 빈번하단다. 남한의 학생들이 학업에 부담이 큰 반면, 북한 학생들은 학교에 제출하는 물품과 생활총화에 큰 부담을 느끼고 있어서 남한의 학생들과 대비되는 모습이다.

3) 방학은 어떻게 보낼까?

북한의 중등교육 과정인 중학생들의 방학은 소학교 학생들과 기간은 동일하다. 여름방학은 8월 15일부터 말까지 약 보름 동안이고, 겨울방학은 1월 초부터 2월 중순까지 약 45일 정도이다. 소학교보다 학교의 통제가 다소 약화되는 상황이다. 소학교에서는 방학계획서를 배포하고 거기에 따른 방학 숙제가 많은 편이다. 그러나 중학교에서는 6~7명이 모둠(조)을 구성해서 방학 숙제와 밀린 공부를 한다. 토요일에도 학교에 나가 선생님으로부터 검사를 받기도 한다.

중학생들은 농사일을 돕는 게 일상화되어 있다. 봄에는 모내기, 여름에는 김매기, 가을에는 추수에 수시로 동원된다. 봄에는 10일에서 보름, 가을에는 10일 정도 농사일에 동원된다. 북한에서는 이를 '전투'를 붙여서 '모내기 전투', '김매기 전투', '추수 전투'로 명명할 정도로 농업에 많은 정열을 쏟아붓는다. 북한은 아동과 청소년들을 노력동원에 독려하고 있지만 부족한 농기계 도입이 배경으로 작용함으로써 당분간 지속할 수밖에 없는 현실이다. 김정은 등장 이후 아동과 청소년들에 대한 노력동원 중단을 지시하였으나, 농촌지원과 철도보수, 산나물 과제는 줄어들었으나 고철 모으기, 토끼 사육 등에는 여전히 아동과 청소년의 노력동원이 지속되고 있는 것으로 알려졌다.[1] 농기계, 농약, 비료 등의 부족으로 북한은 연간 60~70만 톤의 식량이 부족한 국가이다. 이 정도의 식량 부족은 북한 주민들이 약 2개월 동안 먹고 지낼 수 있는 양이다.

홍수 등의 이유로 '비상소집'이 필요한 경우는 담임이 반장에게 전하면 체계적으로 동원할 수 있는 비상연락망이 구축되어 신속하게 전달된다.

북한 학생들의 방학생활은 '고난의 행군' 전후에 따라 그 양상이 크게 달라졌다. 그 이전에는 배급이 비교적 양호하여 여름에는 개울가에서 친구들과 놀기도 하고, 겨울에는 친척 집이나 친구 집을 방문해 즐거운 시간을 갖기도 하였다. 고난의 행군 이후에는 여유가 없는 학생들에게는 더욱 어려움이 크다. 농촌의 가난한 집 학생들은 나물 캐기, 버섯 채취 등에 나서기도 하고, 심지어는 부모님을 도와 시장에서 장사를 하는 경우도 있었다. 이들에게는 어려운 집안 형편으로 학창 시절의 낭만이 사라져 버린 시기였다.

4) 북한의 입시는 어떻게 진행될까?

북한은 사회주의 사회이다. 사회주의는 국가의 계획에 의해 작동되기 때문에 개인의 '자유'가 통제된다. 중학교 졸업 이후 대학 진학도 개인의 선택적인 의지보다는 국가에 의한 배치가 더욱 중요한 요인으로 작용한다. 북한에서 대학 진로도 마찬가지이다. 특히 1979년까지

---

1   문성휘, "김정은, 아동·청소년 노력동원 중단 지시," ≪rfa≫(2012.9.14.).

는 추천에 의해 대학입학 지원자가 결정되었는데, 대학 진학에 권력·연줄·뇌물 등이 개입되기도 하였다.[2] 북한의 (고등)중학교 졸업생 가운데 70%는 입대하고 20%는 직장에, 나머지 10% 정도만 대학에 진학한다. 이러한 학생들을 북한에서는 '직통생'이라 부르기도 한다.

북한에서 대학 입학시험은 두 단계를 거친다. 예비시험을 통과하고 본시험에 합격해야 한다. 예비시험은 시·군 구역의 교육성이 주관하고, 10월 말부터 11월 초 기간에 전국적으로 치른다. 예비시험은 졸업 예정인 모든 학생들이 치르는 것을 원칙으로 하고, 시험은 6과목이다. 여기에는 김일성·김정일 혁명역사, 국어, 수학, 영어, 화학, 물리 등이다. 3과목씩 이틀에 나뉘어 오전에 1교시당 45분, 3시간 시험을 본다. 영재중학교 출신들은 예비시험을 면제받는 수혜를 누린다. 이들은 농촌 노동일에 동원되지 않는 등의 혜택을 보기도 한다. 남한사회와 다르게 주관식으로 시험을 보게 된다. 한 탈북민은 남한의 객관식 시험을 창의성을 길러주지 못하는 교육, 사교육이 공교육보다 활성화되어 있는 게 문제라고 비판하기도 하였다.[3]

북한의 수험생들은 예비시험을 합격해야 대학별 본시험을 치를 수 있다. 예비시험 불합격률은 약 20~30% 정도 된다고 한다. 수험생들이 지원할 대학교를 선택하는 것은 예비시험 성적과 지망 희망대학을 고려해 시군 인민위원회 대학생 모집과에서 결정한다. 남한과 비교할 때 가장 근본적인 차이는 개인이 선택하지 못하고 국가가 지원 대학을 결정해 준다는 점이다. 대학생 모집과에서 대학별 고사를 치를 학생 명단

---

2 이종옥, "북한의 대학입시제와 교육경쟁," 『대학교육』 (서울: 한국대학교육협의회, 1991). 참조.

3 이종옥, 위의 책. 참조.

을 중학교로 내려보내면, 각 학교에서는 신체검사표, 내신성적표, 추천서 등을 준비해서 시험을 치르게 된다. 대학별 고사는 보통 2월에 실시한다. 평양으로 갈 경우는 여행증명서를 끊어서 출발하고 학과시험, 체력장, 면접 등으로 시험을 보게 된다.[4] 학과시험은 6과목을 보고, 3일에 걸쳐서 본다. 떨어질 경우 남자는 군대에, 여성은 직장에 배치된다. 재수생은 존재하지 않는다.

3. 북한 대학생들의 일상생활

1) 북한 대학생들의 하루는 어떻게 보낼까?

북한의 대학은 고등교육 기관으로 사회의 각 분야에서 공산주의 이념을 철저히 실현하는 데 앞장서는 전문 지식인 육성과 민족간부를 육성하는 데 목적이 있다. 특히 북한에서는 사회주의 국가 건설에 필요한 간부 양성에 초점을 두어 왔다. 1945년 해방 당시에는 북한 전역에 단 하나의 대학도 존재하지 않았으나, 2020년 현재 북한은 김일성 종합대학을 비롯한 종합대학 5개와 공장·농장·어장 대학 93개 등 271개 대학을 개설하여 미래를 대비한 고급인력을 길러내고 있다.[5] 북한의 고등교육에는 대학교육과 성인교육 기관으로 80년대부터 육성해 온 공장대학·농장대학·어장대학이 포함될 수 있다. '일하면서 배우는 교

---

4 탈북민 S씨 면담.

5 조정아 외, 『'지식경제시대' 북한의 대학과 고등교육』 (서울: 통일연구원, 2020), 80쪽.

육체계' 구축으로 해석할 수 있다.[6] 다만 여기서는 지면상의 제약 등으로 정규대학만을 염두에 두고 서술하려고 한다.

북한의 대학은 대부분 8시에 수업을 시작한다. 북한 대학관련 탈북민 3명과 인터뷰를 하였는데, 2명은 자기의 모교가 8시에 수업을 시작한다고 응답하였으나 나머지 1명은 9시에 시작한다고 응답하였다. 수업 시간은 90분 수업, 10분 휴식으로 진행한다고 모두가 응답하였다. 오전에 3시간, 오후에 2시간 수업을 진행하는 것으로 나타났다. 흥미로운 사실은 김일성종합대학교와 평양이과대학교의 경우는 독보회가 자주 열리지 않았으나, 지방의 교원대학교와 사범대학교의 경우는 매일 독보회를 하는 것으로 회고하였다. 이들 대학은 초중등 교육을 담당하는 교원을 양성하기에 대학시절부터 '사회주의 교리'를 철저하게 몸에 익히게 하려는 취지로 해석된다.

북한의 대학생들은 90%가 기숙사 생활을 하며, 나머지 10%는 자기 집에서 통학하고 있다. 기숙사 생활을 했다는 한 탈북민은 자신이 김대에서 생활하는 동안 1~2학년은 군 생활과 같은 엄격한 규율 속에서 생활했다고 한다. 대체로 새벽 5시 30분 무렵에 기상하여 밤 10시 30분 취침할 때까지 집체주의 원칙 속에서 생활했다고 한다. 숙소에서 식당까지 단체로 이동 시에는 군인들처럼 줄을 맞추고 질서 있게 움직였다. 아침은 6시 30분부터 먹을 수 있었으며, 7시 30분까지 1교시 교실에 들어갔다. 2학년 때는 4월부터 6개월 동안 교도려 훈련을 이수해야 했다. 북한의 학생들은 남녀를 불문하고 참석해야 한다.

---

6 신효숙, "북한교육의 발전과정과 특징," 『현대사 광장』, 제6권(2015), 27-28쪽.

2) 방과 후와 주말에는 무엇을 할까?

북한의 대학생들은 5교시 수업을 마치고 나면 공식적인 수업은 모두 마치게 된다. 이후의 시간들은 동원되는 경우가 많았다고 한다. 청소, 건물 및 도로 보수공사에도 대학생들이 많이 동원된다. 청년 대학생들은 심지어 고속도로 현장에도 동원되기도 하였다. 대표적인 사례가 평양과 남포 간 고속도로인 '청년영웅도로'이다. 이 도로는 2000년에 개통되었으나 중앙분리대와 갓길이 없는 도로이다. 이 고속도로는 건설 당시 기계의 힘을 빌리지 않고 청년들이 맨손으로 건설하였다고 격찬하는 사업으로 유명하다. 무에서 유를 창조한 정신을 기리기 위해 고속도로 이름도 '청년영웅도로'라고 지었다고 필자가 2007년 7월에 평양을 방문했을 때 안내원이 자랑스럽게 들려준 이야기이다.

〈그림 2-2〉 평양-남포 42㎞ 고속도로 건설에 맨손으로 참여하고 있는 대학생들의 모습

출처: 《조선신보》

교원대학의 방과 이후 생활은 매우 정례적이고 규칙적으로 진행되었다. 요일별로 특별한 프로그램이 진행되었으며, 수요 강연회는 규칙적으로 진행되었다. 또 어떤 요일에는 영화나 드라마를 본 감상 소감 발표하기를 개최하기도 하였다. 〈민족과 운명 10부작〉, 〈신천을 고발한다〉, 이런 드라마를 보고 자신의 느낀 점을 서로 공유하는 자리이다. 학생회 주관으로 웅변대회를 개최하기도 한다.

토요일에는 대학생들은 오전에는 수업을 듣는다. 점심시간 이후에는 강연, 집중학습 그리고 생활총화 등의 시간을 갖는다. 강연은 김일성, 김정일 혁명역사를 자주 듣게 된다고 한다. 그리고 열병식이나 군중행사에도 자주 동원된다고 한다. 열병식은 4월 15일 김일성 생일을 기념하여 진행되는데 보통 3개월 정도 연습한다. 군중시위의 경우는 9월 9일 북한정부 수립 기념일, 10월 10일 당창건 기념일 등을 계기로 이루어지는 경우가 많다.

북한의 대학생들은 중학교 과정과는 달리 방과 후 활동들이 엄격하게 진행되지는 않는다. 독보회도 매일 하는 것이 아니기도 하고, 대외 활동도 정해지지 않고 수시로 과업에 따라 달리 활동하였다. 시골에서는 농장에 나가 일손을 돕는 게 자주 일어났다. 대신 도시에서는 도로 개보수라든가 아파트 재건축 등에 대학생들이 많이 동원되었다.

3) 방학은 어떻게 보낼까?

방학은 학생들이 가장 기다리는 시간이다. 학생들에게는 그동안 학업의 틀에 박힌 일상의 굴레를 벗어나 자신이 하고 싶었던 계획을 실행할 수 있는 매우 유익한 시간이다. 외국어 공부, 독서, 운동 등 자신이 평소 부족하다고 느끼는 분야를 보완하기에 매우 유익한 기회이다.

북한의 대학생들은 방학이 어떤 의미가 있을까? 방학 기간이 남한의 대학생들에 비해 턱없이 짧다. 여름방학은 15일 정도이고 겨울방학은 한 달 정도이다. 비록 짧은 방학이지만 이 기간 동안 공부, 컴퓨터, 운동, 사회정치활동 등 다양한 일들을 자의와 타의에 의해 수행해야만 하는 '과제'들이 많다. 어쩌면 이들 대학생에게는 방학이 평소의 대학생활보다 오히려 더욱 고달픈 생활이 될 수도 있을 정도이다.

북한의 대학생들이 방학 동안 자료 활용으로 가장 많이 찾는 곳은 평양의 중구역에 위치한 인민대학습당이다. 북한에서 규모가 가장 큰 도서관이다. 북한에서 인민의 학습을 생각하는 김일성의 은혜의 상징이라고 홍보하면서 외국인 관광객들에게는 필수 관광 코스에 포함되어 있다. 대학생들의 발걸음이 많다 보니 자연스럽게 이곳에서 청춘 남녀의 만남이 이루어져 사랑이 싹트는 곳이기도 하다.

북한의 대학생들은 방학 동안 사상학습을 게을리할 수 없다. 특히 겨울방학이 시작되는 1월 1일 북한에서는 최고지도자의 '신년사'가 발표된다. 이 신년사는 대학생을 비롯한 북한 주민들이 1월 말까지 외우면서 실천하려는 정치행사가 전 국민적으로 진행된다. 어떤 경우에는 기습적으로 대학생 대상으로 시험을 봐서 낙오자들은 공개 석상에서 비판받는 경우도 있다고 한다. 2017년 2월 1일 양강도 혜산시에서 대학생을 대상으로 방학 이후 개학 첫날에 이와 같은 일들이 벌어졌다. 기존에는 신년사 학습검열을 할 경우 미리 알려주어 학생들이 준비할 여유가 있었으나, 2017년과 같이 신속하게 학습검열을 실시한 사례는 거의 없었다고 한다. 학습 소홀이 자칫 사상을 의심받는 상황으로 내몰리는 것을 대학생들은 매우 걱정한다. 왜냐하면 북한에서 사상이 의심스러울 경우 숙청대상 1순위가 되기 때문이다. 사상투쟁은 단순한 비판으로 끝나지 않는다. 사상투쟁으로 이어질 경우 누군가는 반드시 희생이 뒤따르기 때문이다. 1956년 8월 종파사건이 바로 사상투쟁의 가장 대표적인 사례인 것이다.[7]

북한의 대학생들도 컴퓨터 게임을 많이 하는 모양이다. 방학을 맞은 대학생들이 게임을 즐겨 하는 현상을 볼 수 있다. 북한에서는 1998년 전자오락이라는 클래식 게임이 보급되기 시작해 2003년부터 컴퓨터 보급이 대중화되면서 컴퓨터 게임이 본격화되었다. 2010년 무렵부터는 평양을 중심으로 컴퓨터 게임이 대학생들에게도 인기를 얻으면서 급속도로 확산되었다. 이 무렵 북한의 컴퓨터 게임은 코만도, 천존협객전, 철권 스트리트 파이어 같은 게임들이 인기가 있었다. 특히 이 무렵부터 남한의 웹연동 온라인 게임형식과 유사한 '망게임'으로 불리는 인트라넷을 이용한 게임이 퍼져 나가기 시작하였다. 2019년 초부터는 가정과 사무실 등에서 누구나 손쉽게 설치해서 이용할 수 있는 가정용 오락 게임으로 '모란봉'을 자체 개발해서 많이 활용하고 있다고 한다. 청소년들 가운데는 게임을 지나치게 많이 함으로써 '게임중독'을 우려하는 목소리가 등장할 정도이다. 2018년 10월 12일 노동신문에서는 청년 학생들의 게임중독이 늘어나고 있는 현상에 대해 세계보건기구의 게임중독을 질병으로 분류하는 움직임을 소개하고 게임중독의 증상을 소개하는 기사를 게재하였다. 북한 당국이 게임중독을 그만큼

---

7   문성휘, "북, 방학 마친 대학에 사상학습 광풍," 《rfa》(2017.2.6.).

경계하고 있음을 보여주는 사례로 보인다.

　　북한의 대학생들은 방학이 되면 고향 집으로 내려가 부모님과 함께 지내는 경우들이 많다. 대학생들 대부분 기숙사에서 생활하게 됨으로써 방학을 맞이하여 귀향해서 부모님 일손도 돕고, 관심 있는 공부방을 들여다보기도 하였다.

　　북한의 대학생들이 방학을 맞이하여 또 하나의 과제는 사회정치활동을 빼놓을 수 없다. 북한 대학생들은 방학 동안 공장, 기업소에서 일했다고 하는 '근로확인서'를 청년동맹 조직에 제출해야 한다. 이러한 과제를 수행하지 못했을 경우에는 생활총화에서 비판무대에 올라 비판 대상이 된다. 그러므로 대학생들은 모든 수단과 방법을 동원하여 자기의 과제를 수행하려고 한다. 과제 수행의 모습도 다양하다. 가난한 집 학생들은 본인이 직접 기업소 등에서 일해서 확인서를 받아 제출하지만, 부유한 가정의 자녀들은 돈으로 공장·기업소의 증서를 사서 제출하기도 한다.

　　북한의 대학생들은 이 외에도 농촌 동원이나 피해복구 등에 동원되기도 한다. 조선중앙방송은 2005년 7월 김일성 종합대학 철학부 학생들이 여름방학을 맞아 평안남도 강서군 청산리에서 농촌봉사활동을 벌이고 있다고 보도하기도 하였다. 의학대학 학생들은 '충성의 외화자금'을 충당할 목적으로 황기 등 약초를 캐 오도록 함으로써 '약초방학'이란 명칭을 얻기도 하였다.

| 참고문헌

국립통일교육원.『북한의 이해』. 서울: 국립통일교육원, 2021.

조정아 외.『'지식경제시대' 북한의 대학과 고등교육』. 서울: 통일연구원, 2020.

신효숙. "북한교육의 발전과정과 특징."『현대사 광장』. 제6권. 2015.

이종옥. "북한의 대학입시제와 교육경쟁."『대학교육』. 서울: 한국대학교육협의
회, 1991.

문성휘. "김정은, 아동·청소년 노력동원 중단 지시."≪rfa≫ (2012.9.14.).

문성휘. "북, 방학 마친 대학에 사상학습 광풍."《rfa》(2017.2.6.).

주성하. "한국의 수능 시험과 북한의 대학 입시."《rfa》(2016.11.18.).

https://www.uniedu.go.kr/uniedu/home/brd/bbsatcl/dict01/view.do?id=15449
&mid=SM00000215&limit=10&eqViewYn=true&odr=hits&eqDiv=(검
색일: 2022년 6월 3일)

제3장

북한 노동자들의
일상생활

북한의 노동자는 지식인, 농민과 함께 북한체제를 떠받치는 3대 축이다. 북한 노동당 깃발에도 이러한 의미가 담겨 있다. 노동당 깃발에는 지식인이 중간에서 중심을 잡아주고 있으며, 그 양쪽에 노동자와 농민을 상징하는 망치와 낫이 그려져 있다. 그 기둥 가운데서도 가장 핵심은 노동자이다. 북한 인구 가운데서 가장 비중이 높은 집단이기도 하다. 그러므로 북한의 노동자들에 대한 이해는 매우 중요하다.

북한의 노동자들은 1990년대 중반 '고난의 행군' 시기를 거치면서 사실상 삶의 터전을 잃어버린 경우가 흔하게 발생했다. 공장 가동률이 30%에 못 미친다는 증언도 많았다. 사실상 신분제 사회인 북한에서 노동자로서 삶을 살아가기 위해서는 아버지의 직업을 물려받는 경우가 많다. 농민, 노동자 특히 광부 등 힘든 일을 하게 되면, 직업도 대물림하는 경우가 일반적이다. 이러한 굴레를 벗어나는 길은 지독하게 개인이 노력하거나, 대학 입학할 무렵 아주 좋은 성적으로 이과계통에 진학할 경우에 가능하다. 과학자나 의사 등 화이트칼라들은 부모로부터 영광스러운(?) 직업을 물려받을 확률이 높다.

북한사회에서 노동자 배치는 어떠한 과정과 절차대로 진행되는지, 노동자들의 하루 생활 및 주말은 어떻게 보내는지, 휴일은 어떻게 생활하는지, 북한 노동자들은 퇴직 이후 삶을 어떻게 살아가는가? 등에 대해 살펴보도록 하자.

1. 북한에서 노동자들의 직장 배치는 어떻게 진행되나?

북한은 사회주의 경제이다. 남한사회와 북한사회가 가장 극명하게 차이 나는 것은 바로 경제원리가 확연하게 다르기 때문이다. 예를 든다면 남한에서는 직장을 구할 때 구직자 본인의 능력과 관심 분야, 그리고 장래의 비전에 따라 직장을 결정하게 된다. 그러나 북한은 기업과 자재 등이 모두 국가 소유이므로 국가 계획에 따라 노동자의 직장을 사실상 일방적으로 배치하는 게 일반적이다. 여기로부터 파생되는 생활의 제약이 또 하나 있다. 거주이전의자유를 제한한다는 점이다. 개인의 의사에 따라 주거를 이동할 경우 계획 실행은 불가능해지고, 기업의 생산은 차질을 빚을 수밖에 없기 때문에 거주를 제약하게 된다. 계획경제는 거주이전을 제약할 수밖에 없는 체제이다.

중앙집권적 계획경제를 운용하고 있는 북한 경제의 위계체계는 당-내각-국가위원회-기업 순으로 계획의 목표가 상의하달 되어 내려오게 된다. 여기서 국가는 기업의 노동력 규모를 결정하고 인력을 배치하는 역할을 담당한다. 기업은 국가로부터 부여받은 계획, 자재, 원료, 자금,

인력 등을 활용하여 생산을 담당하게 된다. 이 같은 북한의 경제계획 단계를 〈그림 3-1〉과 같이 나타낼 수 있다.

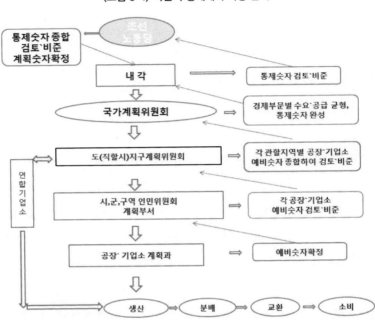

〈그림 3-1〉 북한의 경제계획 작성 단계

출처: 정은찬, "북한의 경제적 불평등에 관한 연구" 경북대학교 일반대학원 경제학과 박사논문, 2012. 17쪽.

북한의 중학교를 졸업하게 되면 학생들은 군대, 직장 그리고 대학 진학의 세 가지 인생행로 가운데 하나의 길을 걷게 된다. 북한에서도 대학교육, 즉 고등교육을 받을 경우, 보다 더 나은 대우와 선택의 폭이 넓어지게 되므로 대학진학에 본인은 물론 학부모들도 큰 관심을 보인다. 따라서 최근 시장의 확대 속에서 북한판 갑부들이 생겨나게 되고,

이들은 재력을 바탕으로 과외를 통해서라도 자녀들을 보다 좋은 대학에 진학시키고자 하는 풍경이 만들어지고 있다. 북한에서는 학력에 따라 노동관리 주체가 다르게 관리하고 있다.

고급중학교를 졸업하고 대학에 진학하지 못한 대부분의 학생들은 군대에 입대하거나 직장 생활을 하게 된다. 직장 배치는 거주지 시·군 인민위원회 노동과에서 담당한다. 고급중학교를 졸업하는 학생이 이력서, 신원진술서, 취직희망지 선택(1, 2, 3), 신원보증서 등을 작성하여 학교에 제출하면, 학교는 이를 지역의 노동과에 일괄 제출해 여기에서 각 학생들을 심사하여 직장을 배치한다. 북한에서 법적으로 직업선택은 「사회주의 노동법」에서 "모든 근로자들의 희망과 재능"에 따라 선택하는 것으로 되어 있으나, 실제와는 거리가 멀다.

고등교육을 받은 대학 졸업생들은 조선로동당 간부부에서 담당한다. 졸업생들은 졸업을 앞두고 서류심사와 대학 당국자와 개별면담을 거치고, 이 결과를 해당 행정기관의 당위원회 간부부가 최종적으로 심사하여 직장을 배치하는 과정을 거친다. 북한에서 인기 있는 직업으로는 과거에는 행정관리 일꾼, 교수·교원, 기자 등 사무직종을 선호하였으나, 최근에는 외화를 벌 수 있는 무역 일꾼, 외교관, 해커, 외항선 선원 등이 인기를 끌고 있다. 특

히 김정은 위원장이 '핵과 경제 병진 노선' 채택 이후 핵과 미사일 개발에 참여한 과학자들이 평양의 과학자 거리 등 고급 아파트를 배정 받는 등

〈그림 3-2〉 북한 평양 과학자 거리 사진

상당한 대우를 받고 있는 것으로 알려지고 있다.

군복무를 마친 군인을 북한에서는 '제대군인'이라고 한다. 이 제대군인들이 직장을 구하려고 할 경우에는 사병은 중학교 졸업자와 마찬가지로 출신지역의 시군인민위원회 노동과에서 직업을 배치해 준다. 장교가 직장을 구하려고 할 경우에는 출신지역의 시군당 간부과에서 담당해 직장을 배치한다.

북한에서 다니던 직장에서 다른 직장으로 옮기는 것은 매우 까다롭다. 다니던 직장에서 다른 직장으로 이직을 하려면 뇌물을 쓰거나 든든한 연줄을 동원하지 않은 경우는 실질적으로 불가능하다. 그러므로 더 좋은 환경이나 보수를 받기 위해서는 이직보다는 배치받은 직장에서 열심히 노력하는 편이 가능성 측면에서 유리하다고 할 수 있다.

<그림 3-3> 북한에서 학력별 · 직장별 직장 배치 과정

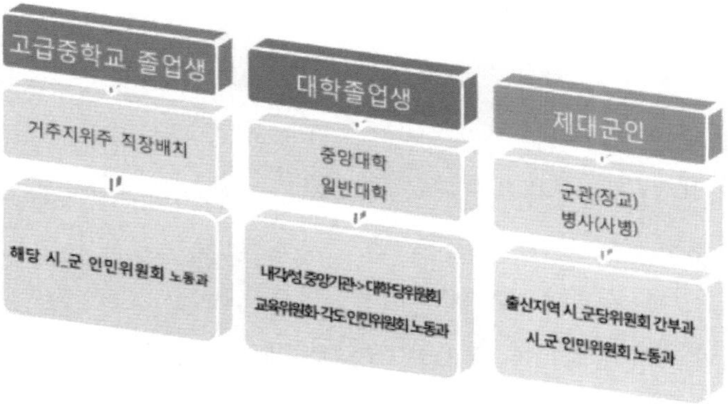

직장 수속에 필요한 필수서류
청년동맹- 식량정지, 동맹 이동증, 거주승인서(보안서)
당원- 당적 이동증, 직맹- 직맹 이동증, 군사 이동증

2. 북한 노동자들의 하루 생활은?

북한 노동자들의 하루의 일상은 연령별·성별·지역별로 서로 조금씩의 차이는 있지만, 전체적으로 살펴보면 매우 비슷한 생활 패턴을 보여주고 있다. 북한사회가 남한과 같이 다양하고 복잡하게 분화되지 못한 이유도 있지만, 사회주의 계획경제를 근간으로 작동되는 사회이기 때문이다.

북한 노동자들은 가정과 직장의 거리가 멀지 않다. 가정에서 직장이 가까우니 걸어서 출근하는 경우도 많고, 자전거를 타고 출근하는 모습도 어렵지 않게 볼 수 있다. 자전거가 재산목록 1호인 셈이다. 평양 같은 경우에는 지하철이나 무궤도전차를 이용하는 경우도 많다. 주목을 끄는 것은 '무궤도전차'인데, 전기를 동력으로 활용하고, 지하철과 같은 철로가 없이 버스 2~3대를 연결하여 운행되는 차량을 말한다. 최근에는 북한의 지방에서도 운행되는 것으로 나타났다. 반면에 궤도차량은 철로가 있으면서 운행되는 버스 차량을 뜻한다. 평양에는 이러한 형태 모두 운영되고 있다.

〈그림 3-4〉 평양에서 운행되고 있는 무궤도전차와 궤도전차

북한 노동자들은 직장에 출근하면 간단하게 청소하고 곧바로 정치사업을 진행한다. 여기에는 독보회 및 당의 지시사항 전달, 강연회 등을 알려주는 시간이다.

북한 노동자들의 정규 노동 시간은 아침 8시부터 오후 6시까지로 8시간이다. 작업은 일반 노동자의 경우 50분 일하고 10분간 휴식한다. 11시부터는 노동자들도 학생들과 마찬가지로 업간체조를 약 20여 분정도 실시한다. 개성공단에 근무한 북한 노동자들도 회사 소속은 비록 다르지만 거의 대부분의 노동자들이 동시에 함께 업간체조를 실시하기도 했었다. 체조할 때 들려주는 노래는 북한 최고지도자를 찬양하는 가사가 많아서 개성공단에서는 남북이 합의하에 가사 없이 음악만 틀어주면서 체조를 하였다. 낮 12시에 오전 과업이 마무리되면 점심시간이다. 점심은 공장·기업소에서 도시락으로 해결하며, 직장이 인접한 노동자들은 집에서 먹고 되돌아오기도 하였다. 점심시간이 끝나면 오후 1시부터 2시까지 오침 시간을 갖는 경우가 많으며, 오후 일과는 오후 2시부터 저녁 6시까지 이어진다. 오후 일과가 끝나면 작업 총화 시간이 기다린다. 총화를 가진 다음 노동자들은 바로 퇴근하고, 관리자들은 1~2시간 더 직장에 머물면서 하루를 마무리한다.

북한에서 여성 노동자들은 남성들과 출퇴근 시간이 같다. 그러나 임신한 여성들에게는 배려가 있다. 임신 여성들은 출근 시간이 30분 늦고, 퇴근 시간은 1시간 30분 이르다. 결과적으로 6시간 노동을 하는 셈이다. 여성이 1년 미만의 영유아를 양육하는 경우에는 오전에 2번, 오후에 2번 각각 30분씩 수유 시간을 배려하고 있다. 아기가 1년 이상인

경우엔 오전, 오후 각각 1번의 수유 시간을 배정하고 있다.[1]

〈표 3-1〉 도시 노동자들의 하루 생활

시 간	주요 내용	일요일
06:00~07:00	기상 및 아침 식사	❖ 일요일 휴식
07:00~07:30	출근	
07:30~08:00	독보회	
08:00~12:00	- 50분 작업, 10분 휴식 - 11시부터 20여 분 체조	
12:00~13:00	점심시간	
13:00~14:00	오침	
14:00~18:00	- 50분 작업, 10분 휴식 - 오후 6시 퇴근	

북한은 전기 사정이 여의치 않기 때문에 퇴근하고 나면 가급적 저녁 준비를 해서 이른 시간에 저녁을 먹는다. 저녁 식사는 아침과 비슷하게 국수, 감자, 고구마 등을 먹기도 한다. 저녁 식사 이후에야 비로소 개인 시간을 갖는다. 남성들은 집수리나 친구들을 만나기도 한다. 반면 여성들 경우 빨래나 집 청소 이후 시장에 장사하러 나서기도 한다.

3. 북한 노동자들의 휴일과 여가 생활은?

북한의 노동자들은 "하루 8시간 일하고, 8시간 휴식하고, 8시간 학

---

1   한국노동사회연구소, "북한 여성노동자들의 삶," 『노동사회』, 제58호(2013년 5월호), 참조.

습한다"는 원칙이 일반적으로 통용되고 있다. '8시간 노동제'는 1917
년 구소련이 세계 최초로 국가 법률로 확립하였으며, 국제적으로는
1919년 국제노동기구(ILO) 제1회 총회에서 1일 8시간 주당 48시간 노
동제를 규정하고 국제노동기준으로 확립하였다. 북한의 「사회주의 노
동법」에도 이러한 내용이 규정되어 있다. 북한이 주 6일제 근로를 채
택하고 있으므로 토요일을 휴일로 생활하는 남한과는 주당 근로 시간
에서 큰 차이가 있다. 즉 북한은 토요일까지 근무해야 함으로써 1주당
평균 노동 시간이 48시간인 반면 남한은 40시간에 그치고 있다.

북한의 휴일인 명절과 일요일은 쉬는 날이다. 이와 별도로 북한의
노동자들은 연간 14일의 정기휴가를 받는다. 어렵고 힘든 부분에서 일
하는 노동자들은 7~21일까지 보충휴가를 추가로 받기도 한다. 그리고
북한은 정기휴가와 별도로 포상휴가 성격인 '휴양'과 '정양'을 국가 차
원에서 실시하고 있다.

북한의 명절날에는 9대 국가명절과 5대 민속명절이 있다. 전자에는
김일성 생일(4 · 15, 태양절), 김정일 생일(2 · 16, 광명성절), 정권창건일(9 · 9),
당창건 기념일(10 · 10), 해방기념일(8 · 15), 헌법절(12 · 27), 국제노동절
(5 · 1), 국제부녀절(3 · 8), 조국해방전쟁기념절(7 · 27)을 말한다. 후자는
설날, 음력설, 한식, 단오, 추석 등이다. 이때 북한의 노동자들은 휴일이
다. 이 외에도 북한의 해당 직업군에만 휴일이 주어지는 날도 있다. 여
기에는 조선인민군창건일(4 · 25), 광부절(7 · 1), 탄부절(7 · 7), 철도절(5 ·
11), 상업절(9 · 15) 등이 있다. 한편으로 북한의 노동자들이 휴일인 날에
기관이나 상급자로부터 근무를 명받게 되면 기준의 150% 생활비를
지급해야 하며, 일주일 안에 대신 쉴 수 있도록 조치해야 한다.

※ 2016년 2월 9일 북한의 조선중앙통신은 장거리 로켓 '광명성 4호'의 성공 속에 인민들이 즐거운 설날을 맞이했다고 보도함

　남한이나 자본주의 국가에서는 존재하지 않는 휴가 보상제도도 존재한다. 일종의 포상휴가 성격인 '휴양'과 '정양' 제도이다. 전자의 경우에는 건강에는 별다른 이상이 없는 사람에게, '정양'은 아프지는 않으나 건강상 휴식이 필요한 사람을 선정해 전국에 산재해 있는 휴양소〈초대소〉에서 지내게 된다. 그 기간은 성격과 대상에 따라 5일에서 30일 정도로 다양하다. 그러나 평균적으로는 약 2주 정도를 휴식하게 된다.

　북한의 휴일은 그냥 쉬는 날이 아니다. 특히 태양절과 같은 국가 명절에는 북한 주민들이 아침 7시에 김일성 동상을 방문해야 한다. 이 날은 국가에 의해 규정된 복장을 하고 참배한다. 여성들은 한복을 차려입고, 남성들은 양복에 넥타이를 착용해야 한다. 두 지도자의 동상을 방문할 때 주민들은 모두 가슴에 김일성, 김정일 배지를 의무적으로 달아야 한다. 이 의례를 마쳐야 비로소 자유 시간을 가질 수 있다.

휴일에는 북한 당국이 주민들에게 '명절특별배급'이 있었다. 1990년대까지만 하더라도 술, 식용유, 육류, 과자, 학생복 등을 선물로 나누어 주었으나, 고난의 행군 이후 2000년대에는 과자, 식용유 1병, 치약 세트 정도만 나왔다고 한다. 어떤 해는 그나마 나오지 않았다고 하니 북한의 재정 상황이 얼마나 나빠졌는지 가늠해 볼 수 있을 정도이다. 최근 김정은 시대에는 선물을 받더라도 정가의 3분의 1을 지불해야 하는 상황으로 완전히 무료는 아니라고 한다.

북한의 설날에는 남한과 같이 어른들에게 세배를 드리지 않고, 선 자세로 머리를 숙여서 "새해를 축하합니다" 또는 "새해에 건강하십시오"라고 인사를 드리는 게 보통이다. 그러나 종종 엎드려 세배 드리는 경우도 있다. 어른들은 세뱃돈이나 선물을 아이들에게 주지는 않는다.

2010년 이후 평양에는 시가지 정비, 주택건설, 각종 놀이시설들이 들어섰으며, 고급 식당도 문을 열었다. 2010년 개선청년공원 유희장 개관에 이어 2012년에는 수영장, 유원지, 빙상장, 롤러스케이트장 등

〈그림 3-6〉 평양 만경대유희장 전경

을 새롭게 수리도 하고 개건하기도 하였다. 2013년에는 만수대 지구 화초 · 분수공원과 편의점 건설사업이 추진되었다. 2016년에는 자연박물관, 중앙동물원을 개장하였다. 따라서 평양 시민들은 여가 생활을 즐길 수 있는 시설과 공간이 크게 늘어났다. 유명 유원지마다 줄을 서는 모습을 자주 보게 되었고, 암표 장사까지 등장했다고 한다. 평양에는 기존의 옥류관, 청류관, 선교각, 평남면옥 등의 이름난 식당들이 운영되고 있었지만, 여기에 최근 해당화라는 종합봉사시설을 갖춘 새로운 트렌드의 식당이 영업을 시작하였다. 식당가, 상점, 목욕탕, 당구장, 도서관 등이 들어와 있는 공간이다. 1인당 가격이 무려 300달러에 이른다. 이는 최근 북한에서 돈주들이 늘어나는 추세가 여가 생활 속에서도 나타나는 현상으로 보인다.[2]

〈그림 3-7〉 북한의 해당화 종합봉사시설 전경

출처: 조선신보

2 조정아, "북한주민의 여가생활," KDI, 『북한경제 리뷰』, (2017년 8월호), 5-7쪽.

4. 북한 노동자들의 조직 생활은?

북한은 한마디로 조직사회이다. 모든 북한 주민들이 하나의 조직에는 기본적으로 가입되어 있다. 북한이 대내외적인 위기 상황 속에서도 비교적 안정적으로 사회를 유지해 온 가장 큰 원동력은 사회통합을 지속해 온 데 있고, 이러한 사회통합의 가장 말단 단위의 역할이 조직 생활이다. 북한의 권력체계인 수령-당-인민의 위계 속에서 말단 단위에서 받쳐주는 것은 당회의, 월요학습회, 수요강연회, 아침 독보회, 인민반회의, 생활총화 등이다. 이러한 모임들을 통해 김일성 교시와 김정일 말씀, 그리고 당 정책을 전달하는 기제로 활용하고 있다. 이를 북한에서는 '조직 생활'이라고 한다. 북한의 조직 생활 중에서 최소 단위에서 모든 주민이 주기적으로 참가해야 하는 행사가 생활총화이다.[3] 북한에서 '총화'라는 의미는 "사업이나 생활의 진행정형과 그 결과를 분석하고 결속 지으며 앞으로의 사업과 생활에 도움이 될 경험과 교훈을 찾는 것"을 말한다.[4] 총화라는 단어는 생활총화, 학습총화, 10대 원칙 총화, 검토총화 등 다양하게 쓰이는 말이기도 하다. 생활총화는 〈당의 유일사상체계 확립의 10대 원칙〉 8조 5항과 2021년 1월 조선로동당 제8차 당대회에서 개정한 바 있는 조선로동당규약 제1장 4조 등에서 의무적으로 참여하도록 명시되어 있다. 북한에서는 그만큼 중요한 의미를 부여하고 있으며, 해당 당사자들은 반드시 참여해야만 한다.

---

3 이우영·황규진, "북한의 생활총화 형성과정 연구," 『북한연구학회보』, 제12권 제1호 (2008), 122쪽.
4 사회과학출판사, 『조선말대사전』 (평양: 사회과학출판사, 1992), 576쪽.

당의 유일사상체계 확립의 10대 원칙 제8조 5항

2일 및 주당 생활총화에 적극적으로 참가하여 수령님의 교시와 당 정책을 척도로 자기 사업과 생활을 높은 정치사상의 수준에서 검토 총화하며, 비판의 방법으로 사상투쟁을 벌리고 사상투쟁을 통하여 자신을 혁명적으로 단련하고 끊임없이 개조해 나가야 한다.

조선로동당 규약 제1장 제4조(당원의 의무) 3항

당원은 당조직 관념을 바로 가지고 당회의와, 당생활총화, 당학습에 성실히 참가하며 당조직의 결정과 분공을 책임적으로 집행하고 비판과 사상투쟁을 강화하며 당조직규률을 자각적으로 지키고 사업과 생활에서 제기되는 문제들을 당조직에 보고하여야 한다.

생활총화는 북한 주민들이 2일, 7일 또는 10일에 한 번씩 일상생활을 반성하는 행사이다. 모든 북한 주민들은 의무적으로 참여해야 한다. 진행방식은 책임자가 김일성 교시나 김정일 말씀을 엄숙하게 선포하면서 시작한다. 참가자들은 보통 10~15명 단위이며, 무작위로 일어나서 먼저 자기의 지난 한 주 동안의 결함이나 오류에 대한 생활을 비판하고, 다른 동료의 결함이나 오류에 대해 비판을 진행한다. 비판받는 상대는 여기에 대해 변명이나 해명을 할 수 없으며 수용해야만 한다. 마지막에는 생활총화 책임자가 지적된 오류나 결함에 대해 평가하고 경고나, 권리 정지와 같은 조치를 내리면서 마무리한다.

북한의 노동자들은 조선직업총동맹에 의무적으로 가입해야 한다. 30세 이상의 모든 노동자들은 입사와 동시에 노동조합원이 되는 유니

온샵(union shop) 제도와 같이 북한 노동자들은 직총에 가입해야 한다. 북한에서는 줄여서 흔히 '직맹'으로 불린다. 남성은 60세에, 여성은 55세에 정년퇴직하면 탈퇴해야 한다. 퇴직한 이후에는 모두 인민반에 소속되어 생활총화에는 계속 참여해야 하는 숙명이 기다리고 있다. 이러한 삶을 북한 주민들은 모두가 피할 수 없는 인생길이다.

직맹의 성격은 남한의 노동조합과는 크게 다르다. 남한의 노동조합은 노동자의 권리와 이익을 옹호하려는 취지에서 구성되는 게 일반적이다. 그러나 북한의 직맹은 계급이 소멸된 사회이기 때문에 자본가와 같은 투쟁 대상이 존재하지 않는다. 노동당 자체가 이미 노동자의 권익을 보호하고 있다고 보기 때문이다. 따라서 북한에서 직맹의 역할은 '혁명과 건설'이라는 체제 목표를 달성하기 위한 '정권옹위와 생산'이라는 정치와 경제의 통합기능을 수행해 왔다.[5]

북한에서는 공장과 기업소라는 말을 구분해서 사용한다. 공장은 생산단위이고, 기업소는 경영단위이다. 하나의 공장에 하나의 기업소가 될 수도 있고, 여러 개의 공장을 묶어서 하나의 기업소를 이루기도 한다. 이러한 기업소를 '연합기업소'라고 한다. 공장의 말단 조직은 '작업반'이다. 작업반은 같은 직종의 노동자들로 조직되며 여러 개 작업반이 모여서 '직장'을 형성한다. 따라서 직맹의 생활총화 단위는 직맹초급단체인 작업반과 직장이 된다. 생활총화 주기는 기관·단체별로 다르지만 보통 주 1회 토요일 11시부터 12시까지 1시간가량 진행한다.

북한의 공장·기업소 내에서는 생산과 경영을 책임지는 '당위원회'

---

5 한국노동사회연구소, "조선직업총동맹," (2013.5.7.), 출처: http://klsi.org/bbs/board.php?bo_table=B07&wr_id=161(자료검색: 2022.7.20.).

가 존재한다. 여기에는 당비서, 지배인, 기사장이 각각 경영의 역할과 책임을 지고 있다. 지배인은 남한의 CEO 역할이고, 자재, 재정, 식량공급 등을 담당하고 있다. 기사장은 공장의 기술책임자로 생산활동을 이끌어 남한의 공장장 같은 역할이다. 당비서는 생산계획을 달성하도록 지배인의 사업을 정책적으로 지도하고 도와주며 노동자들을 정치적으로 각성시키는 역할을 담당한다.[6]

직맹은 1945년 11월 30일 평양에서 결성된 '북조선직업총동맹'이 기원이다. 1950년 12월 노동당 중앙위원회 제3차 정기총회를 개최하고 남한의 '조선노동조합평의회'와의 통합을 추진하였다. 1951년 1월 20일 '남북조선직업총동맹합의회'를 소집하고 이 자리에서 '북조선직업총동맹'과 남한의 '조선노동자전국평의회'를 통합해 '조선직업총동맹'으로 통합하기로 하여 현재에 이르고 있다.

직맹의 권한은 초기에는 막강하여 공장 내 노동자를 해고하려면 공장 내의 직맹 위원장의 승인이 있어야 가능할 정도였다. 1946년 당 노동부장이었던 오기섭과 1956년 직맹위원장이었던 서휘 등이 노동자의 권익단체로서의 직맹 위상을 강력하게 주장했던 인물들이다. 그러나 1956년 8월 종파사건을 계기로 직맹 핵심 인사들은 반당종파분자로 몰려 모두 제거되었다. 1964년 6월 당 중앙 제4기 9차 전원회의를 계기로 직맹의 기업관리에 대한 통제 역할과 단체계약이 폐지되고 당의 완전 통제로 자율성을 잃어버리고 말았다. 이때부터 공장 내에서 당비서의 권한이 지배인과 기사장을 압도하게 되었다.

---

6 김진한, "북한의 노동자 ④: 노동자 조직 '조선직업총동맹,'"《매일노동뉴스》(2004.4.29.).

5. 북한 노동자들의 퇴직 이후 삶은 어떻게 살아갈까?

북한 노동자들은 남성은 60세, 여성은 55세에 은퇴한다. 북한 주민들이 은퇴한 이후에는 크게 국가사회보장제도와 국가사회보험 2개에 의해 보호받으며 생활하고 있다.[7] 국가사회보장제도는 "사회주의 사회에서 늙거나 병에 걸리거나 부상당하여 종신토록 또는 오랜 기간을 일할 수 없게 된 사람들, 그리고 무의탁한 사람들에게 국가부담으로 생활자료와 의료봉사를 보장하여 그들의 생활안정을 도모하기 위한 시책"으로 정의된다. 여기에는 다음과 같은 부류의 주민들이 해당된다. 1) 국가사회 보장 해당자의 희망에 따라 그의 능력에 알맞은 적당한 직업을 알선하여 주며, 2) 연금 또는 보조금을 주며, 3) 무의탁한 불구자, 연로자, 고아들을 양로원, 양생원, 애육원, 육아원과 같은 데 보내어 보호하는 것 등을 말하고 있다.

국가사회보험은 "사회주의하에서 국가가 근로자들의 건강을 보호증진시키며, 노동 재해, 질병, 부상 등으로 일시적으로 노동능력을 잃은 근로자들의 생활을 물질적으로 보장해 주는 제도"를 말한다. "생활비를 받는 현직 일꾼들 중에서 국가의 정휴양소, 야영소 등에서 휴식을 하는 사람들과 일시적으로 노동능력을 잃은 사람들에게 적용"된다.

이들 제도 간의 차이는 노동능력을 완전히 또는 장기적으로 잃었거나 연로하여 일을 못 하는 근로자에게는 전자를 적용하고, 부분적 · 일

---

7   사회과학출판사, 『정치사전 1』 (평양: 사회과학출판사, 1973), 82-83쪽.

시적인 지원을 필요로 하는 경우는 후자를 적용한다. 또는 재원은 전자의 자금 원천은 국가 예산이고, 후자는 근로자들이 납부하는 사회보험료이다.

보조금에는 일시적 보조금, 특별보조금, 장례보조금, 생활보조금, 장애인보조금, 유가족보조금 등이 있다. 그리고 연금에는 연로연금, 공로연금 등이 있다. 연로연금은 은퇴한 이후에 받는 연금이고, 공로연금은 당과 국가를 위해 특별한 공을 세워서 공로자로 인정받는 경우에 해당된다. 북한의 노동자들이 평균 임금은 약 3,000원 정도 받고 있다. 따라서 연로연금을 통해 노후가 보장된다고 생각하는 북한 주민들은 없다고 한다. 본인 스스로 책임지고 시장에서 경제활동으로 노후를 살아가야만 한다. 이상의 논의들을 〈표 3-2〉와 같이 간략하게 정리할 수 있다.

〈표 3-2〉 사회보험 및 사회보장에 의한 연금과 보조금 기준표

구분	유형	내용	금액 (원)
보조금	일시적 보조금	가정에 간호할 노력자가 **없어** 6개월 이상 간호가 필요한 경우 (간호진단서를 발급받고 휴직)	350
	특별 보조금	3태자 여성 - 아이 1인당	300
		4태자 여성 - 아이 1인당	400
		3명 이상 자녀를 키우는 여성 - 아이 1인당	200
	장례 보조금	노동자, 사무원, 연금을 받고 있는 사람이 사망했을 때	800
	생활 보조금	가정에 노력자가 없는 아이들, 혹은 노인들만 있는 경우, 부부환자 - 세대주 1명에게	600
		나머지 부양가족 1인당	350
	생활 보조금	부모 없는 아이들과 독거노인 부양 세대 부양자 1인당	350
		노력자당 부양가족 2명 이상인 경우 - 노력자 1인을 제외한 부양가족 1인당	200

구분	유형	내용	금액 (원)
보조금	장애인 보조금	영예군인 특류 (급)	1,400
		영예군인 1류	900
		영예군인 2류	550
		영예군인 3류	400
		영예전상자 1류	600
		영예전상자 2류	450
		영예전상자 3류	300
		공상자 1류	500
		공상자 2류	350
		공상자 3류	200
연금	연로연금	연로자 대상: 월 기본생활비의 30%	700
		직업과 관련한 노동능력 상실자: 월 기본생활비의 30%	400
		직업과 관련 없는 노동능력 상실자: 월 기본생활비의 20%	400
		특류 영예군인 보호자	450
	공로연금	공로별에 따라 차등 지급	

출처: 강채연, "일상으로 보는 북한" (2021년 2학기) ppt 자료

북한의 연로자 및 장애인들은 국가의 지원만으로 살아가기란 불가능하다. 북한에서 보조금이나 연로연금 등으로는 아래의 〈그림 3-8〉에서 나타난 바와 같이 시장에서 쌀 1kg을 구입할 수도 없다. 따라서 사실상 북한에서의 퇴직 이후 삶은 가난한 계층으로 전락하는 길이라고 해도 과언이 아니다.

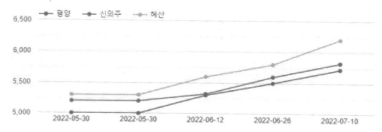

〈그림 3-8〉 최근 북한 시장에서의 쌀값 동향

출처: "북한시장 동향 쌀값"(원, 1kg당),《Daily NK》, 2022년 7월 20일 검색

| 참고문헌

사회과학출판사. 『조선말대사전』. 평양: 사회과학출판사, 1992.

사회과학출판사. 『정치사전 1』. 평양: 사회과학출판사, 1973.

이우영 · 황규진. "북한의 생활총화 형성 과정 연구." 『북한연구학회보』. 제12권
　　제1호. 2008.

조정아. "북한주민의 여가생활." KDI, 『북한경제 리뷰』. 2017년 8월호.

한국노동사회연구소. "북한 여성노동자들의 삶." 『노동사회』. 제58호. 2013년 5
　　월호.

김진한. "북한의 노동자 ④: 노동자 조직 '조선직업총동맹.'" 《매일노동뉴스》
　　(2004.4.29.).

한국노동사회연구소, "조선직업총동맹", (2013.5.7.).

http://klsi.org/bbs/board.php?bo_table=B07&wr_id=161(자료검색: 2022.7.20.).

https://www.dailynk.com/%E5%8C%97%EC%9E%A5%EB%A7%88%EB%
　　8B%B9-%EB%8F%99%ED%96%A5/WKFYRJATOR(자료검색일:
　　2022.7.20.).

제4장

북한 농민들의
일상생활

북한은 상시 식량부족 국가이다. 식량생산은 농민들의 농업기술, 우수한 씨앗, 비료 확충, 병충해 방지, 적기 수확 등이 복합적으로 이루어져야 가능하다. 그럼에도 북한의 경우는 농업기술이 낙후하고 품질이 떨어지는 종자, 부족한 비료와 농약 등으로 식량이 부족하다. 1990년대 중반 '고난의 행군' 시기에는 80만 명 이상 기아로 사망하는 비극을 맞기도 하였다.

북한의 식량은 연간 50만 톤에서 80만 톤 정도 부족한 것으로 알려져 있다. 북한의 2,500만 주민들이 풍족하지는 않지만 그럭저럭 살아가기 위해서는 550만 톤 정도 생산되어야 가능하다. 군량미, 종자용, 주류용, 감모 식량 등으로 200만 톤 정도 소요되고, 나머지 350만 톤 정도를 식용으로 사용하는 것이다. 북한에서는 하루 약 1만 톤 정도 사용되는 셈이다. 북한의 식량부족이 50만 톤에서 80만 톤으로 추산하면 결국 50일에서 80일 정도는 굶어야 한다는 추론이 가능하다. 그럼에도 북한에서 과거와 같이 대규모 아사가 발생하지 않은 것은 주민들이 시장에서 개인적으로 식량을 구입해서 살아가기 때문이다.

북한사회에서 누가 농민이 되는지, 생산단위는 어떻게 조직되어 있는지, 어떠한 수단으로 생산하고 있는지 등을 체계적으로 알아보는 것은 매우 의미 있다고 생각한다. 북한의 식량 생산을 담당하고 있는 농민들의 일상생활을 구체적으로 알아보자.

1. 북한에서 농민들의 농장 배치는
어떻게 진행되나?

북한에서는 '농민'을 '농장원'이라고 부른다. 농민이라고 해도 알아 듣기는 하지만, 일상생활에서는 농장원이라고 부른다. 신문과 방송 등 에서도 마찬가지로 '농장원'이란 말을 사용하고 있다.

북한에서 농장원들은 협동농장에 출근하여 생산활동을 하는 사람 들이다. 남한의 개인농은 북한에서 찾아볼 수 없고, 협동농장이나 국영 농장에 소속되어 일하고 있다. 협동농장은 일반적으로 생산활동을 하 는 조직이다.

해방 이후 북한에서는 지주, 부농, 자작농, 빈농, 머슴 등의 신분을 가진 사람들이 살고 있었다. 1946년 3월 「토지개혁법령」에 따라 토지 개혁을 단행하였다. 토지개혁의 결과 경지면적의 53%인 약 100만 ha 의 토지가 무상몰수 되었고, 그 가운데 98만여 ha가 총농가의 70%에 해당되는 72만 호의 고용농과 빈농들에게 무상으로 지급되었다.[1] 이러

---

1   정정현, "북한의 협동농장 생산체제에 있어 분조관리제의 변화와 농업협력 방안에 관한 연구,"

한 토지개혁으로 지주-소작관계가 일소되고 가족농이 지배적인 농업 경영형태로 자리 잡았다. 토지의 분배는 가족 수와 그 가족의 노동력 평가를 통해 표준화 점수에 따라 분배한 '균등분배'를 지향하였다.

북한에서 농업협동화는 2단계를 거치면서 완성되었다. 1단계는 1953년에 시작되어 1958년에 마무리된 농업협동조합화 과정이다. 2단계는 1958년 10월부터 시작된 협동조합의 '리 단위 통합'을 통한 대규모 통합과정이었다. 통합결과 1958년 10월 18,039개에서 1958년 11월에는 3,843개로 감소하였다. 결과적으로 협동농장의 규모는 평균 300호 500ha로 확대되었다.[2] 북한의 토지개혁 과정을 조금 더 풀어서 설명하면 다음과 같다. 먼저, 자작농 이하의 신분을 가진 사람들에게 토지를 나누어 주는 토지개혁을 단행하였다. 개인농들은 약 30%의 생산물을 세금으로 납부하였다. 다음 단계는 토지개혁인 농업협동화를 추진하여 개인들이 가지고 있었던 토지, 농기구 등을 공동으로 사용해 농사를 짓고 그 수확물은 공동분배하는 형태를 취하였다. 그러다가 한국전쟁 이후 1958년 협동농장으로 명칭을 전환하면서 토지개혁은 완수되었다.

반면 국영농장은 국가의 특별한 임무를 받아 수행하는 과수농장이나 축산농장 등이 해당될 수 있다. 국영농장의 역사는 1946년 토지개혁 이후 일본인에 의해 경영되었던 농장, 목장, 과수원 등을 국유화한 데서 비롯되었다. 국영농장은 토지와 농기구 등을 국가로부터 지원받아 운영하는 기업소와 같은 개념이다. 여기서 일하는 농장원들은 농업

『협동조합연구』, 제48집 (2018.6.), 59쪽.

2　위의 논문, 59-60쪽.

노동자로서 협동농장과는 달리 임금과 식량 배급을 받는 노동자와 같다. 협동농장이 90%를 차지하고, 나머지는 국영농장 건설로 토지개혁이 완료되었다.

이러한 북한의 토지개혁은 과거 러시아와 중국의 절충형태로 진행되었다. 러시아는 혁명 이전에 봉건제가 발달하여 개인농은 거의 없었다. 따라서 소련 혁명 이후 농업은 국영농장(소프호즈)체제가 중심이었다. 중국은 개인농이 훨씬 많았다. 집단농장인 인민공사(협동농장)체제로 출자하였다. 결국 사회주의 개혁도 기존의 농촌사회 형태에 따라 그 방법과 절차를 달리하면서 국가적 특성이 나타나게 되었다고 할 수 있다.

북한의 협동농장은 리 단위로 조직되어 있다. 북한은 1952년 12월 행정체계 및 구역 개편을 단행하여 '면'을 폐지하고, 도-군/읍-리의 3단계 행정구역 체계를 완수하였다. 리 단위 통합은 북한 농촌사회에서 두 가지 의미 있는 변화를 가지고 왔다. 하나는 생산단위와 행정단위 통합이다. 다른 하나는 생산단위와 사회문화 단위의 통합이다. 이러한 '리'를 통해 생산, 교환, 분배, 소비 등의 경제활동과 교육, 문화, 보건, 후생 등의 집체적인 농촌사회문화 활동이 전개되는 계기가 되었다.[3] 따라서 북한 농민들의 생활은 협동농장을 중심으로 이루어지고 있다고 말할 수 있다. 1개 협동농장의 농장원 수는 보통 500~600명 정도인데 많은 곳은 1,000여 명에 이르기도 한다.

한편, 북한의 농촌에서도 고령화가 시작되었다. 농촌의 고령화로 인

---

3 김영훈, "북한 농업농촌의 변화 – 협동농장을 중심으로," 『북한농업동향』, 제12권 3호(2010), 3쪽.

한 식량 생산량이 감소하자 북한 당국은 제대하는 군인들을 농촌에 집단 배치해 식량생산을 증대시키려고 시도하기도 한다. 그러나 식량생산은 인력만 가지고 가능한 게 아니라 비료, 농약, 종자 등 종합적인 농촌환경이 개선되지 않으면 불가능하다. 물론 여기에는 농장원들의 사기도 매우 중요한 요소임에는 두말할 필요가 없다.[4]

북한에서 농장원들은 대물림하게 되어 있다. 할아버지가 농장원이면 아버지 그리고 아들도 농장원이 되어야 한다. 이러한 봉건적인 제도는 탄광 노동자의 경우도 마찬가지다. 아버지가 탄광 노동자이면 아들도 탄광에서 일해야만 한다. 반대의 경우도 성립한다. 인민보안성(남한의 경찰청)에 근무하는 경찰이라면 자녀 가운데 1명은 경찰로 받아들여주는 제도가 있다고 전한다.[5] 비행사의 경우도 마찬가지이다. 이른바 연좌제가 적용되는 셈이다.

농장원 가족의 자녀 가운데 노동자에게 시집을 간 부녀가 있다고 해도 농민의 딸을 데려간 노동자는 '농촌연고자'로 낙인되어 농촌으로 내려가 농장원이 되어야 한다.[6] 이런 상황에서는 농장원의 자녀는 오직 농장원의 자녀와 결혼이 가능할 것이다. 북한 노래 가운데 〈도시처녀 시집와요〉라는 흥겨운 가락의 노래가 있다. 같은 제목의 영화에 삽입되어 있는 노래이다. 이러한 막막한 현실 앞에 과연 농촌으로 시집올 도시 처녀가 있을지 의문이다.

---

4 이명철, "북 제대군인들 농촌에 집단배치," 《rfa》 (2022.1.4.).
5 탈북민 S씨 인터뷰.
6 곽명일, "농민들의 일상," 《통일신문》 (2013.9.2.).

〈그림 4-1〉〈도시처녀 시집와요〉 영화의 한 장면

북한 농촌에서 빠져나올 수 있는 방법은 없을까? 여기에는 몇 가지 방법이 있을 수 있다는 게 탈북민의 전언이다.[7] 먼저, 고급중학교 졸업반 때 아주 뛰어난 학생들은 북한의 명문대학에 진학이 가능하다는 것이다. 한 예로 평양과기대에 진학한 농촌 출신은 대학에 진학해 열심히 공부하면 과학자가 될 수 있는 길이 열릴 수 있다는 것이다. 둘째는 남성의 경우 군 입대해 군 생활 동안 열심히 하고, 대학에 진학하여 졸업할 때 노동자로 배정받으면 농촌을 벗어나기도 한다고 한다. 셋째는 여성들의 경우 결혼을 군관, 즉 장교와 결혼하면 자신의 출신 고장으로부터 벗어날 수 있다고 한다. 그러나 농촌에 농장원들이 부족할 경우 생산단위별로, 또는 군 제대자들을 대상으로 차출형식으로 일정한 숫자를 배정[8]하는 경우에 농촌 출신 또는 농촌에 연고가 있는 경우, 범법행위자 등이 농촌으로 배치되기도 한다.

---

7 탈북민 H씨 인터뷰.

8 이명철, "북 제대군인들 농촌에 집단배치,"《rfa》(2022.1.4.).

2. 북한 농민들의 하루 생활은?

남한사회에서 농촌 전원생활은 여행자들에게는 아름답고 풍요로워 보인다. 흔히 농촌에서 농사일을 하면 지옥이고, 둘러보거나 여행으로 시골을 방문하면 천국이라는 우스갯말이 있다. 농부들이 여름에 땀과 정성으로 농작물을 가꿈으로써 가을 들녘은 황금빛으로 출렁이게 된다. 반면 북한의 농촌은 남한의 농촌과는 달리 논의 면적도 좁고, 벼 이삭의 크기도 적을뿐더러 키도 작다. 왠지 빈약한 시골의 느낌이 든다. 북한 농부들의 고단한 한숨이 배어 나오는 듯하다.

북한의 농장원들은 자신이 속한 협동농장으로 출·퇴근한다. 평소에는 8시에 출근하여 6시에 퇴근한다. 그러나 농번기에는 해 뜨면 출근해서 해 지면 퇴근한다. 보통 6월이면 모내기, 7~8월에는 김매기, 10월에는 추수로 농장원들이 가장 바쁠 때이다. 〈표 4-1〉은 북한 농장원들의 일반적인 하루 생활을 보여주고 있다.

〈표 4-1〉 북한 농장원들의 하루 생활

시간	주요 내용	일요일
05:00~06:00	기상 및 아침 식사	
06:00~06:30	마을청소 및 인민반 식전 동원사업	
06:30~07:30	아침 식사 및 출근	
07:30~08:00	독보회 및 정치교양사업	
08:00~12:00	- 농장 현장으로 이동해 공동작업 시작 - 100분 작업, 10분 휴식	※ 농민들은 10일마다 휴식을 원칙
12:00~14:00	점심시간 및 가사(개인농사)	
14:00~19:00	- 오후 공동작업 *농번기와 지역 및 단위별 농업 상황에 따라 오후 노동 시간 차이가 있음	

시 간	주요 내용	일요일
19:00~20:00	- 작업 총화 및 조직 생활	※ 농민들은 10일마다 휴식을 원칙
20:00~22:00	- 저녁 준비와 식사 - 가사 및 가족생활	

출처: 곽명일, "농민들의 일상생활",《통일신문》(2013.9.2.) 기사를 바탕으로 재구성

농장원들은 출근해서 간단하게 독보회와 정치교양사업을 진행하면 협동농장의 조직인 농산작업반, 남새(야채)작업반, 과수작업반, 축산작업반, 기계화작업반 등에 따라 하루 일과를 시작한다. 그날 하루 일의 노동은 분조장으로부터 작업지시를 받아서 수행하게 된다. 〈그림 4-2〉와 같이 북한의 협동농장의 조직체계는 꽤 복잡하게 구성되어 있다. 왜냐하면 '리' 단위로 구성되어 있어서, 남한의 '면' 단위의 규모에서 생산조직과 관리조직이 어우러져 있기 때문이다.

〈그림 4-2〉 북한의 협동농장 조직체계

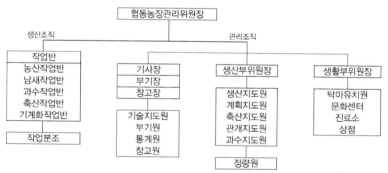

출처: 김영훈, 「북한농업농촌의 변화」, 『북한농업동향』, 제12권 3호 (2010.10.), 4쪽.

북한의 협동농장은 농장관리를 총체적으로 책임지는 농장관리위원장을 중심으로 운영된다. 그 산하에 생산부위원장과 생활부위원장

을 두어 관리하고 있는데, 이는 협동농장이 생산과 사회문화공동체의 집합체라는 사실을 보여주고 있다. 그 외에도 기사장, 부기장, 창고장 및 정량원 등을 두어 계획, 관리, 기록 등을 구체적이고 체계적으로 운영하려는 조직을 갖추고 있다. 생산조직에는 작업반과 분조를 두고 있다. 작업반에는 보통 70~80명이 소속되어 있다. 분조에는 과거에는 20~30명이 소속되어 있었으나, 김정은 위원장 등장 이후 점차 규모를 줄여 나가고 있으며 6~8명, 2012년에는 3~5명 단위로 경작지를 할당해 주는 '포전 담당제'로 변화해 옴으로써 사실상 가족 단위 경영 형태를 취하고 있다. 2015년부터는 농장원 1명당 평균 1,000평을 나누어 주고 생산물은 국가가 40%, 개인이 60%를 가져가는 것으로 농장을 경영하고 있다.[9] 사회주의 가족경영제도는 혁명기인 '토지개혁' 당시의 모습과 비슷하다.

북한의 농장원들은 대부분 점심은 자신의 집에서 먹고 농장으로 다시 복귀한다. 거리가 가까울 뿐만 아니라 사 먹으려고 하더라도 돈도 부족하고 식당도 변변하지 않기 때문이다. 점심을 먹고 자신의 텃밭을 돌보고 나서 농장으로 돌아온다. 농장으로 돌아와서 오후 공동작업을 진행한다. 최근에는 작업을 마치고 진행하던 총화 시간을 오후 작업 중간에 진행하기도 한다고 전한다. 오후 8시 늦은 시간에 퇴근하여 저녁 준비해서 식사를 마치고, 하루를 마무리한다. 저녁 식사 준비는 여성들의 몫이다. 남성들은 거의 도와주지 않는다. 북한사회가 '반제반봉건제

---

9 곽인옥·문형남, "경제 제도적인 측면에서 북한의 빈곤화와 시장화에 대한 분석," 『국제지역연구』, 제21권 2호(2017), 90쪽.

도 타파'를 외치고 국가수립을 추진하였으나, 가정 내의 봉건성은 개혁하지 못했다고 할 수 있다.

북한의 농촌에서는 먹을 게 부족한 편이다. 이러한 부족한 살림살이 속에서 장사를 하기에도 여러 가지 어려운 여건이다. 내다 팔 수 있는 물건이 없기 때문이다. 한 탈북민은 북한에서의 빈곤한 삶을 이렇게 증언했다.[10]

> 북한의 농장원들은 먹을 게 부족하다. 그러다 보니 농장에서 쌀을 꾸어다가 먹고 가을에 갚아야 한다. 오히려 매년 빚을 지고 살아가는 경우도 흔하다. 그러니까 부수입으로 살아가야 한다. 여성들의 경우는 산나물을 채취하고, 남성들은 야생동물을 수렵하여 부수입을 올린다.

이러한 증언처럼 북한은 농촌에서 부족하게 살아가는 농장원들이 많다. 이들은 교대로 결근하면서 부수입에 열을 올린다고 한다. 북한의 민둥산에서 산나물 채취와 야생동물 수렵을 통해 가난을 극복하기란 쉽지 않다.

3. 북한 농민들의 수입은 어떤 과정으로 형성되는가?

북한의 도시 근로자들은 공장·기업소에서 생활비를 받아서 생활

---

10   탈북민 K씨 인터뷰.

한다. 쉽게 이야기하면 월급으로 육아와 식생활, 그리고 여가 활동 등을 힘겹게 꾸려 나간다. 그렇다면 북한의 농장원들은 어떻게 수입이 만들어질까? 여기에는 북한 협동농장의 생산물과 개인생산물인 텃밭 및 뙈기밭의 생산물의 유통에서 수입이 창출된다. 협동농장의 농산물 유통구조는 해방 이후 거의 변화가 없었으나, 개인생산물의 경우는 시장의 형태에 따라 유통과정에서 큰 변화가 있었다.

협동농장의 총소득은 다음과 같이 계산된다.[11] 협동농장의 총소득은 농장수입총액에서 지출총액을 차감한 수입을 말한다. 수식으로 간단하게 나타내면 다음과 같다.

협동농장 총소득 = 농장수입총액 − 지출총액

농장수입총액은 농산물 총생산량, 현금화한 농업생산물, 봉사 부분에서 벌어들인 수입 등으로 구성된다. 지출은 생산과정에서 소비한 생산수단 및 생산판매활동 등과 관련된 일체의 비용을 말한다. 여기에는 농기계 운영비, 관개시설 사용료, 고정자산 감가상각비와 화학비료, 농약, 소농가구, 집짐승먹이, 수의약품 등 영농자재비, 수리비, 전력비, 이동작업비, 여비, 전신전화비, 벌금, 위약금, 은행이자를 비롯한 생산판매활동비 등이다. 지출은 농산물 수매와 현금판매로 정산한다. 협동농장의 총소득은 분배할 수 있는 총량이 된다. 이는 다시 협동농장의 공동기금과 개인 분배 몫의 재원으로 활용된다. 공동기금은 20~30% 규

---

11 김영훈 외, "북한의 농업: 변화와 지속 그리고 미래," 『북한경제리뷰』(2021년 8월호), 11쪽.

모를 차지하고 나머지는 농장원들의 1년간 노동일수에 따라 현물과 현금으로 지급한다. 여기에도 각 농장원들의 급수를 따져서 8급에서 6급으로 구분해 임금을 책정한다. 협동농장의 생산물은 〈그림 4-3〉과 같이 시군 수매사업소를 거쳐 배급소, 국영도매소를 거쳐 식료품점이나 국가기관 등에 배급된다. 물론 일정한 현물로 보상을 받은 다음 수매사업소로 넘긴다.

〈그림 4-3〉 북한의 농산물 유통

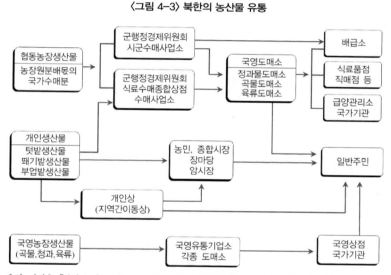

출처: 김영훈, 「북한 농업농촌의 변화 – 협동농장을 중심으로」, 『북한농업동향』, 제12권 3호, 9쪽.

개인생산물은 시장의 형태 변화에 따라 양성화된 시기도 있었지만, 음성적으로 판매되던 시기도 있었다. 북한에서 곡물은 늘 부족한 편이었다. 농토가 좁고, 질 낮은 재배기술과 부족한 농자재가 합쳐진 결과였다. 그 결과 남한에서는 '의·식·주'라는 말이 북에서는 '식·의·

주'라고 한다. 그만큼 먹는 식량이 귀하다는 북한사회 내부의 상황을 보여주는 증표라고 할 수 있다.

북한에서의 시장은 1950년대 말 농민시장, 1990년대 말 장마당, 김정은 시대의 개막과 함께 등장한 종합시장 등으로 변화해 왔다. 북한 국내외의 상황 변화와 여건에 따라 시장의 명칭과 판매할 수 있는 품목들을 제한하는 조치들도 병행해 왔다.

북한의 농민시장은 시골에서 농민들의 집 주변 텃밭을 경작해 생산한 농산물을 판매해 부족한 소득을 보전하기 위해 열릴 수 있도록 한 공간이었다. 농민시장은 국가의 합법적인 허용 아래 열흘에 한 번씩 열렸으며, 거래 금액은 국정가격이 아니라 사실상 시장가격으로 비싸게 판매할 수 있어서 농민들에게는 큰 보탬이 되었다. 북한에서는 1950년대까지 재래시장이 존재했었는데, 이를 '인민시장'이라고 하였다. 1개 시군에 3~4개의 시장이 매일 개장했으며, 삼일장, 오일장 형태로 열렸었다. 1950년대부터 인민시장은 '농촌시장'으로 개명되었다가 1958년부터는 다시 '농민시장'으로 이름을 바꿨다. 1969년 도시 중심에 있던 농민시장은 폐쇄하고 1개 군에 1개씩만 개설을 허용하였다. 그러나 1970년대 경제적인 어려움과 1980년대 김정일의 등장과 함께 생활소비품을 제때에 공급하지 못하는 상황에 직면하자 북한 당국은 농민시장을 다시 상설화하고 도시지역에서도 농민시장 개설을 허용하였다.

한편, 북한의 사회주의 계획경제 속에서 1984년 '8 · 3인민소비품창조운동'을 북한이 벌였던 사실은 주목받을 만하다. 왜냐면 국가계획에 포함되지 않은 노동력과 원자재를 활용해 생산품을 생산하여 시장가격으로 도시지역에서도 거래를 허용하였기 때문이다. 이는 북한의 시장과

관련하여 개혁 정책의 효시로 보여 매우 의미 있는 조치로 해석된다.[12]

1990년대 중반 북한에는 한국전쟁 이후 최대 위기라고 할 수 있는 '고난의 행군'이 몰려왔다. 이 무렵 80여만 명이 아사한 것으로 드러났다. 남한 정부는 2007년부터 2008년 UNFPA를 통해 북한의 인구센서스를 실시하였다. 이를 바탕으로 북한 인구를 추정해 본 결과다. 어떤 민간단체나 기관에 따라서는 200만 명, 심지어는 300만 명의 아사자가 발생했었다는 주장도 있었다. 이러한 대위기 이후 북한 당국의 배급제가 붕괴되고 자조적인 수요공급 질서가 만들어졌다. 시장이 보다 더 확대되고 농촌뿐만 아니라 도시에서도 합법화되기 시작하였다. 이른바 '장마당'의 등장이었다. 쌀도 시장에서 거래되기 시작하였다. 장마당에는 중국산 쌀을 비롯해 중국산 생필품이 밀려 들어왔다. '돈주'들도 형성되기 시작하였다. 북한에서 돈주는 시장에서 돈을 많이 번 신흥사회 계층을 말한다.

1998년 김정일 국방위원장이 공식적으로 북한 정권의 전면에 등장하였다. 김 위원장은 경제 전반을 정비에 나섰다. 특히 2002년 〈7·1 경제관리개선조치〉를 단행하였다. 가격·임금·환율에 대해서 현실화 조치를 단행하였다. 물자교류 시장과 생산재 시장을 설치하였다. 기업은 물론 협동농장의 자율성을 강화해 주었다. 품목의 선택권은 없었지만 품종의 선택권을 부여해 생산성 향상을 꾀하였다. 그리고 2003년 3월 '종합시장'을 공식적으로 허용하였다. 종합시장의 경우 시·군 당국이 매대 상인들에게 상행위를 할 수 있는 공간을 제공해 주고,

---

12 양문수 외, "북한의 시장 1: 발전, 구조, 그리고 변화,"『북한경제리뷰』(2021년 2월호), 6쪽.

매대 상인들을 대상으로 세금을 징수하기 시작하였다. 시장의 합법화와 공식화가 완성되었다는 뜻이다. 또한 그동안 불법 경작지인 뙈기밭과 소토지도 합법화해 주면서 세금을 부과하기 시작하였다. 김정은 위원장의 시대에는 이러한 시장이 급속도로 증가하고 있음을 볼 수 있다. 2010년대 북한 시장은 200여 개였으나 2016년 말 기준으로 404개 운영되고 있다는 분석도 있다.[13]

북한에서의 종합시장의 확대는 상대적으로 계획의 범위가 축소되고 있다는 의미이다. 아직은 소비재 시장 중심으로 확대되고 있으나, 향후에는 생산재 시장과 금융시장의 확대로 이어질지는 관심을 갖고 지켜봐야 할 부문이다. 만약 이러한 분야로의 시장의 확대는 북한의 변화와도 맞물려 있어서 주의 깊은 관찰이 필요하고 세밀한 연구도 요구된다고 하겠다.

북한의 농장원들의 수입은 협동농장의 생산물 분배가 주 수입원이고, 개인의 텃밭과 소토지 농사 그리고 부업으로 돼지 · 닭 · 염소 등 집짐승을 길러서 수입을 보충하고 있다고 정리해 볼 수 있다.

4. 북한 농민들의 휴일과 여가 생활은?

북한의 농촌에서 휴일은 10일 간격으로 쉬는 것으로 되어 있다. 즉 1일, 11일, 21일, 31일 이런 식이다. 그러나 북한에서 내려온 탈북민들

---

13   홍민 외, 『전국 시장 종합정보』 (서울: 통일연구원, 2016), 31쪽.

은 북한 농민들에게 휴일은 사실상 없는 것이나 마찬가지라고 말했다. 농번기인 모내기 철이나 수확기에는 휴식을 가질 수 없다고 말한다. 심지어 농한기조차도 각종 명목으로 쉬는 것은 불가능하다고 말했다.

북한에서 휴일에 모처럼 집에서 보낼 수 있는 경우에는 자기 밭일을 하거나 시장에 나가 상행위를 하는 기회로 생각해서 쉬는 일은 거의 없다고 했다. 농한기인 겨울에는 공공화장실을 퍼서 퇴비증산을 대비하는 경우가 비일비재하다는 것이다. 여름철에는 풀베기를 해서 쌓아두었던 거름 더미에 화장실 인분을 뿌려서 거름으로 활용하는 준비에 휴가는 꿈에도 생각하기 힘들다고 한다. 북한은 매년 1~2월에 '거름전투'를 진행하고 1인당 1톤의 퇴비를 제출하라고 한다. 이렇게 할당량을 채우기가 어려우므로 퇴비에 흙을 섞어서 제출해도 할당량 채우기는 사실상 불가능하다고 전한다. 하루에 거의 100kg을 제출해야 하나 50kg을 제출하면 그대로 인정해 준다고 한다. 왜 많은 할당량을 제

〈그림 4-4〉 북한의 퇴비를 생산하는 장면

시해 절반만 가져와도 인정해 주냐면 만약 50kg 정도 제출하라고 하면 실제 제출은 10~20kg밖에 제출하지 않기 때문에 할당량을 부풀려서 부과하는 이유를 설명하였다.[14]

어쩌다가 협동농장에서 휴일을 맞아 인근 명소에 놀러 갈 수 있는 경우에는 작업반 반장이 분조원들에게 비용을 부담할 수 있는지를 확인하고 추진한다. 동의를 받을 경우 인근 강가나 바닷가를 단체로 아주 드물게 다녀오기도 한다. 그러나 대부분은 친구나 가족끼리 단출하게 다녀오는 게 일반적이란다. 자주 놀러 다녀오는 공장·기업소들은 외화벌이에 관련 있는 경우가 흔하다고 한다. 왜냐하면 북한 경제 사정이 여의치 않기 때문이다.

특히 북한 주민들은 기회가 주어진다면 평양을 여행하기를 희망한다. 일반적으로 북한에서는 시·군을 벗어나려면 '여행증명서'가 필요하다. 그러나 평양을 방문하고자 할 경우에는 초대하는 사람이 방문자에게 '승인번호'를 보내주어야 가능하다. 한 탈북민은 자신의 이모가 평양에서 생활하고 있어서 평양을 방문해 본 경험이 있다고 한다. 그럴 경우에도 그 탈북민의 이모가 시부모의 별세를 명목으로 초대해서 평양을 둘러볼 수 있었다는 것이다.

북한에서 철도 승무원을 잘 아는 경우에는 여행이 한결 쉬워진다고 한다. 승무원에게 약간의 뇌물을 주고 여행증명서 없이 그냥 철도에 오를 수 있기 때문이다. 다른 승무원이 표 검사를 하는 경우는 기차의 옆칸으로 이동시켜 검사의 순간을 넘겨주기도 한다. 남한이나 북한이나

---

14 탈북자 K씨.

무임으로 불법 승차하는 일탈의 경우는 다 같이 존재하는 모양새다.

북한에서 여행이 여러 가지 이유로 여의치 않으므로 여가가 생기면 TV 시청이나 DVD 시청을 많이 한다. 그러나 탈북민들은 북한의 TV 가 재미없다는 말을 자주 했다. 왜 재미가 없느냐고 질의했더니 남한의 TV 드라마와 같이 스킨십 하는 장면이 없다는 대답이 돌아왔다. 웃을 수밖에 없었지만, 사회주의 체제에서도 인간의 본성을 억누를 수는 없 다는 생각이 들었다. 다양한 이유들이 있겠지만 북한 주민들은 DVD 시청이 훨씬 많아지는 추세라고 한다. DVD 시청 방법은 6~7년 전에 는 중국산 노트텔을 많이 이용하였으나, 최근에는 태블릿 PC를 많이 활용하는 추세로 변화하고 있다.

〈그림 4-5〉 중국산 노트텔과 태블릿 PC 이미지

출처: "북 주민 노트텔 인기 시들", 《Daily NK》(2019.7.30.)〈좌〉/ "북한 태블릿 PC '삼지연' 그런데 중국산?", 《연합뉴스》(2013.8.8.)〈우〉

최근 북한에서도 남한 드라마, 대중가요를 많이 보고 듣는 추세이 다. 이른바 북한에서도 '한류' 열풍이 거세게 불고 있다. 20~30대 탈 북민들의 경우에는 입국하기 전부터 남한 대중가요 몇 곡씩은 부를 수 있을 정도로 남한의 노래나 드라마에 관심이 뜨겁다. 20대 전후의 탈 북민들 가운데는 연예인을 꿈꾸는 청년들도 다수 있다.

한편, 협동농장에는 예술소조(남한의 동아리에 해당)가 있으며, 취미가 있는 농장의 청년들이 농번기에 각각 자기의 적성에 맞는 악기들을 연마해 두었다가 국가적 명절과 농번기 등에 선전 활동에 활용하기도 한다. 과거 북한의 경제가 비교적 안정적으로 운용될 때는 모범 농장원들을 대상으로 하는 농민휴양소를 운영할 때도 있었다. 국가가 운영함으로써 해당 농장원들이 무상으로 이용하였으나 최근에는 사라진 것으로 알려졌다. 농촌에서는 명절이나 휴식일에 가족 단위로 놀러 가기도 하지만 아직은 일반적인 현상은 아니다.

5. 북한 농민들의 조직 생활은?

북한의 농업 분야 종사자들은 조선농업근로자동맹에 의무적으로 가입해야 한다. 가입은 30세 이상부터 남성은 60세 이하, 여성은 55세 이하의 협동농장 농장원과 농업관련 분야에 종사하는 농·목장 관리인, 농촌경제 관련 공장이나 기업소 근로자 등이 해당된다. 현재 맹원 수는 약 130만 명 정도로 추산된다.

조선농업근로자동맹은 1945년 12월 8일 전국농민조합총연맹으로 출발하여 이듬해 1월 31일 북조선농민동맹으로 재탄생되었다. 한국전쟁이 한창이던 1951년 2월 11일 남로당 외곽단체였던 전국농민조합총연맹과 통합해 조선농민동맹으로 개칭되었다가 1965년 3월 25일 조선농업근로자동맹(이하 농근맹)으로 결성된 이후 오늘에 이르고 있다.

북한의 농근맹 조직의 임무는 수령-당-대중으로 연결되는 지도체계에서 당과 대중을 연결하는 '인전대'의 기능을 수행하는 것이다. 조금 더 구체적으로 설명하면 김일성-김정일의 주체혁명 위업을 완수하기 위한 투쟁에 농민들을 이끌어 주는 정치사업이 핵심이다. 김정은 위원장 역시 농근맹 제8차 대회 참가자들에게 "농근맹은 김일성과 김정일을 주체의 태양으로 천세 만세 높이 모시고 수령들의 사회주의 농촌건설 사상과 불멸의 업적을 빛내어 나가야 한다고 한다"고 강조했다.[15] 김정은 위원장의 이러한 주장은 북한 농민들이 개인 이기주의에 머물러서는 안 되고, 당과 조국을 위하여 사고하고 집단을 위하는 마음가짐의 중요성을 일깨워 주기 위함이다. 즉 농근맹 조직들은 농근맹원들이 혁명적 군인정신과 자력갱신의 정신으로 무장하여 당의 충실한 농업전사로 거듭 탄생하는 시대를 요구하고 있다고 강조하기 위함이다.

이러한 시대적 요구를 실현하기 위해 농근맹 조직은 지역 단위와 직장 단위로 구성되어 있다. 지역 단위로는 최고중앙위원회 아래 도·시·군·리에 각각 위원회와 초급단체가, 직장 단위로는 농업 관련 공장·기업소 등에 동맹위원회 또는 초급단체가 구성되어 있다.

협동농장 내에는 당위원회, 청년동맹, 농근맹 조직이 들어와 있다. 리 당위원회 위원장은 농장관리위원장과 함께 농장 전반에 대해 책임지는 인물이다. 기사장을 비롯한 작업반장 등 간부직들은 모두 당원이어야 할 수 있는 직책들이다. 당원은 협동농장의 핵심 간부들인 셈이다. 청년동맹은 힘들고 어려운 일에 앞장서는 집단들이다. 나이도 젊지

---

15 김정은, 〈주체의 사회주의 위업 수행에서 농업근로자동맹의 역할을 높일 데 대하여〉, 『조선
    농업근로자동맹 제8차 대회 참가자들에게 보낸 서한(2016.12.6.)』(평양: 조선로동당출판사,
    2016), 16쪽.

만 이들은 특별한 사명의식을 가지고 있는 집단들이다. 그러나 이들은 대부분 20대 여성들이다. 같은 또래 남성들은 군대에 입대해 군복무를 하기 때문이다. 노동당원과 청년동맹을 제외한 나머지 구성원들은 모두 농근맹원들이 대부분을 차지한다.

6. 북한 농민들의 퇴직 이후 삶은 어떻게 살아갈까?

북한은 1990년대 들어서면서 한국전쟁 이후 최대의 고비를 맞는다. '고난의 행군' 시기에 북한 주민들의 삶은 완전히 피폐해져 버렸다. 아사자도 대규모로 발생했다. 가족이 붕괴되는 지경에 이르렀다. 어린 자식의 굶주림 앞에서 부모 공양까지 겹치자 늙은 부모 몰래 도망치거나, 심지어 부모들은 자식에게 짐이 되는 것을 부담으로 생각해 스스로 목숨을 끊는 경우도 발생했다고 한다. 가난과 기근이 인륜을 저버리는 행위로 내모는 막다른 지경에까지 다다르게 된 것이다.

북한에서 고난의 행군이 지나가자 큰 변화가 몰려왔다. 시장이 합법화되었던 것이다. 시장의 등장은 노인들의 삶의 양식에도 큰 변화를 불러왔다. 김일성 주석 시대에는 국가가 복지제공의 중심축으로 기능하면서 가족이 보완적인 역할을 담당했었다. 그러나 김정일·김정은 시대에는 국가 책임이 약화되면서 시장 책임이 강화되었다. 사실상 개인이 스스로 노후를 책임져야 하는 상황으로 복지전달체계가 변모해 나오고 있다. 한마디로 '약화된 국가와 강화된 시장'으로 그 성격의 변화

를 요약할 수 있다.[16]

　개인이 스스로 노후를 책임져야 하는 상황 속에서 농촌의 노인들도 국가사회보장제도(생활보조금)와 국가사회보험(연로연금)으로는 생활하기가 곤란하다. 사실 국가로부터 수령하는 보조금과 연금은 친구들과 술 한 잔 제대로 나눌 수 없는 터무니 없이 부족한 금액이다. 가족들의 전통적인 효도의 전례에 따라 부모를 공양함과 동시에 본인 스스로 가계에 조금이라도 도움이 될 수 있는 일을 해야만 했다. 한 탈북민의 이러한 전언은 북한 농장원들의 퇴직 이후 고달픈 노후생활을 잘 보여주고 있다.[17]

　협동농장에서 은퇴한 농장원들은 이사를 간 이웃의 뙤기밭을 구매하거나, 산을 개간하는 등 농사를 지으면서 노후를 보낸다. 조금 더 궁지로 몰리면 산에서 약초를 캐서 살림살이에 보태는 방법으로 생계를 꾸려 나가야만 한다. 농사 품목은 주로 옥수수와 콩을 재배한다.

〈그림 4-6〉 북한 농촌에서 배추 농사를 짓는 할머니의 모습

16　조성은 외, "북한 노후소득보장에서 가족의 역할에 대한 연구: 김일성 시대와 김정일 시대의 비교", 『한국가족복지학』, 제56호 (2017.6.) 참조.
17　탈북민 K씨 인터뷰.

전체 북한 인구 가운데 60세 이상 고령 인구의 비율은 2012년 현재 13.5%를 차지하고 있다.[18] 북한에서 고령 인구의 대부분은 넉넉하지 않은 삶을 살고 있다고 해도 과언이 아니다. WHO가 2021년 5월에 발표한 '2021년 세계보건통계'에 따르면 북한 주민의 기대수명은 2019년 기준 72.6세로 남한의 83.3세보다 10.7년, 세계 평균(73.3세)보다는 0.7년이 짧은 수치다.[19] 남북한의 이러한 격차는 평소의 식습관과 보건의료체계 등 복합적인 요인이 있겠지만, 노후 건강관리 및 보건복지 전달체계의 후진성을 벗어나지 못한 결과 때문으로 보인다.

한편, 북한에서는 도시와 농촌의 격차는 크다. UN은 북한 인구 10명 중 6명은 도시에 거주하는 것으로 추정했다. 유엔해비타트(유엔인간정주계획)는 2020년 11월 '2020 세계도시보고서'에서 북한 인구의 62.4%가 도시에서 거주하고 있다고 추정했다. 전 세계 평균 56.2%, 아시아 평균 51.1%보다 높고, 저소득 평균 국가 32.2%보다는 훨씬 높은 편이다. 산모 사망률도 시골이 도시보다 3배 이상, 농촌 어린이 30%가 저체중으로 도시 어린이보다 3배 정도 높은 것으로 나타났다.[20] 이러한 통계들은 북한의 농촌 노인들이 가난과 배고픔에 있어서 도시 노인들보다 더욱 심각한 상황임을 보여주고 있다.

한마디로 북한의 농촌 노인들은 북한사회 내의 열악한 복지 수준에, 더구나 국가 내의 도농 간 격차로 이중적인 어려움 속에서 살아가고 있는 것으로 판단된다.

---

18 조은정, "북한 60살 인구, 40년 후 두 배 증가", 《VOA》(2012.10.3.).
19 권영전, WHO "북한 기대수명 72.6세…한국보다 11년 짧아", 《연합뉴스》(2021.5.22.).
20 안소영, 유엔 "북한인구 62% 도시 거주…도농 격차는 여전히 심각", 《VOA》(2020.11.11.).

| 참고문헌

김정은. 「주체의 사회주의 위업 수행에서 농업근로자동맹의 역할을 높일 데 대하여」. 『조선농업근로자동맹 제8차 대회 참가자들에게 보낸 서한』. 평양: 조선로동당출판사, 2016.

홍민 외. 『전국 시장 종합정보』. 서울: 통일연구원, 2016.

곽인옥 · 문형남. "경제 제도적인 측면에서 북한의 빈곤화와 시장화에 대한 분석." 『국제지역연구』. 제21권 2호. 2017.

김영훈. "북한 농업농촌의 변화-협동농장을 중심으로." 『북한농업동향』. 제12권 3호. 2010.

김영훈 외. "북한의 농업: 변화와 지속 그리고 미래." 『북한경제리뷰』. (2021년 8월호).

양문수 외. "북한의 시장 1: 발전, 구조, 그리고 변화." 『북한경제리뷰』. (2021년 2월호).

조성은 외. "북한 노후 소득보장에서 가족의 역할에 대한 연구: 김일성 시대와 김정일 시대의 비교." 『한국가족복지학』. 제56호(2017.6).

정정현. "북한의 협동농장 생산체제에 있어 분조관리제의 변화와 농업협력 방안에 관한 연구." 『협동조합연구』. 제48집.(2018.6.).

곽명일. "농민들의 일상." 《통일신문》. (2013.9.2.).

권영전. "WHO, 북한 기대수명 72.6세…한국보다 11년 짧아." 《연합뉴스》 (2021.5.22.).

안소영. "유엔, 북한인구 62% 도시 거주 … 도농 격차는 여전히 심각." 《VOA》(2020. 11.11.).

연합뉴스. "북한태블릿 PC '삼지연' 그런데 중국산?." (2013.8.8.).

이명철. "북 제대군인들 농촌에 집단배치." 《rfa》(2022.1.4.).

Daily NK. "북 주민 노트텔 인기 시들." (2019.7.30.).

조은정. "'북한 60살 인구, 40년 후 두 배 증가." 《VOA》(2012.10.3.).

제5장

북한 군인들의
일상생활

남한의 군복무를 마친 남성들의 군대 이야기는 시간과 공간을 초월해 마르지 않는 샘물처럼 시들지 않는 대화의 주제로 등장한다. 북한도 마찬가지다. 오히려 북한은 군복무 기간도 남성의 경우는 10년 이상, 여성들은 7년씩 근무하니 할 얘기들이 오죽 많을까?

북한군의 실제 병력 규모에 대한 논의들은 다양하지만, 남한보다 인구 대비 높은 비중을 차지하고 있는 사실만큼은 분명하다. 2018년 남한의 국방부는 『국방백서』에서 약 128만 명[1] 으로 추산한 반면, 이석은 2008년을 전후해 104~116만 명[2]으로, 정영철은 2016년 50~75만 명[3] 규모로 추산하였다. 여기서 일본 아시아경제연구소(IDE-JETRO)의 나카가와 미사히코는 흥미로운 주장을 펼치는데, 그는 중국 측 자료를 근거로 한국전쟁 정전 무렵 북한의 최대 동원 병력이 총인구의 5.3% 수준이었다고 주장하였다. 그러므로 128만 명 수준의 군병력 규모는 한국전쟁 당시와 비슷하므로 현실적이지 않다고 주장한다. 남한의 군병력 규모(63만 명)는 전체 인구의 약 1.3% 수준이고, 세계에서 인구 대비 군병력 비율이 가장 높은 나라로 알려진 이스라엘도 2.2% 수준이다.[4]

남북한의 군사력은 어느 쪽이 우위일까? 미국에서 분석하는 '2021 GFP'세계전략지수(Global Firepower)는 한국 6위, 북한은 28위로 평가했다. 2004년 이종석 전 통일부 장관은 남한이 북한군보다 육군은 80%, 해군은 90%, 그리고 공군은 103%로 분석한 바 있다. 같은 시기 미국 국방정보국(DIA)은 남한이 우세하다고 평가했다. 2009년 이명박

---

1 대한민국 국방부, 『국방백서』(서울: 국방부, 2018), 244쪽.

2 이석, 『2008년 북한 인구센서스의 분석과 문제점』(서울: 한국개발원 정책연구 시리즈 2011-11), 2011.

3 정영철, "신화와 현실: 북한 정규군 '100만' 신화 비판," 『북한연구학회보』 20(1), 2016. 117-151쪽.

4 이제훈, "북한군 120만명이 아니라 70만명," 《한겨레》(2015.12.23.).

정부는 남한이 약 10% 우세하다고 평가한 바 있다.[5]

  남북한의 안보를 책임지고 있는 집단인 군대는 아무리 훌륭한 무기와 환경 속에서 생활한다고 하더라도 개별 군인 각각의 생활이 정돈되고 철저한 국방의식을 지니고 있어야 빛을 발한다고 할 수 있다. 북한 군인들은 어떻게 입대하고 생활하는지, 그리고 제대 이후 어떠한 과정을 거쳐 사회에 복귀하는지 등 그들의 일상을 알아보는 것은 북한사회를 심층적으로 이해하는 데 또 하나의 필수적인 요소라고 생각한다. 이 장(章)에서는 북한의 무력을 책임지고 있는 북한 군인들의 일상을 살펴보고자 한다.

5 박용한, "한국 6위, 북한 28위라는 군사력 격차…핵무기 계산 안했다?," 《중앙일보》(2021.10.31.).

1. 북한의 군복무 기간

북한의 병역제도는 국내외의 정치군사적인 요인들에 의해 변화해
왔다. 군복무 기간, 입대를 위한 신체적 기준 요건 등도 변화를 거듭해
왔다. 이유는 다양할 수 있다. 남북한이 모두 징병제를 채택하고 있어
서 남한이나 북한의 남성들은 의무적으로 군대를 가야 한다. 북한의 여
성들도 징병제는 아니지만, 지역별로 할당된 수만큼인 약 30%는 군복
무를 해야만 하는 상황이다. 이러한 상황들에 대해 상세하게 살펴보기
로 하자.

1) 북한군 복무제도의 변화와 현재

1945년 이후 북한의 김일성은 소련의 적극적인 후원 아래 조선인민
군 창설에 주도적으로 나섰다. 소련군은 38도선 이북지역에 난립하던
무장조직을 해체하고 각 도에 치안기구로 '보안대' 운용을 지원하였다.
김일성은 1945년 11월 각 도의 보안대를 통솔할 '보안국'을 설치하면

서 건국과 건군을 동시에 준비했다.

북한이 건군을 서둘렀던 이유는 1, 2차 '미 · 소공동위원회'의 결렬에 원인이 있었다. 미 · 소공동위원회는 조선의 독립과정을 국제적으로 합의한 '모스크바 3상회의'의 가장 핵심 내용으로 한반도의 임시정부 수립을 위한 논의의 틀을 만들기 위한 당시 세계 최강국이었던 미국과 소련의 협의체였다. 미 · 소공동위원회는 1947년 10월 8일 열린 제62차 회의를 마지막으로 결렬되었다. 이유는 위원회에 남한의 정당 및 사회단체의 참가 범위를 두고 미국과 소련의 입장 차이가 컸기 때문이다. 미국은 모든 집단을 포함시키자는 입장이었고, 소련은 모스크바 3상회의를 찬성하는 집단만 포함시켜야 한다는 주장이 서로 대립하였기 때문이다. 결국 미국은 한반도 문제를 유엔에 상정해 해결하고자 하였으나 소련은 미 · 소 양군의 철수와 함께 조선인에 의한 독립적 해결을 주장하였다.[6] 미 · 소 합의가 결렬되자 남북한 각각 단독정부 수립을 서둘렀다.

북한의 인민군은 1948년 2월 8일 공식적으로 창설되었다. 이날이 북조선인민위원회 창립 2주년 기념일이었기 때문이다. 북한 인민군 창설은 당과 국가기관 및 사회단체를 망라해 최초로 설립된 국가기구였다. 북한은 조선인민군이 북한지역에 국한된 군대가 아니라 한반도 전체 차원에서 인민민주주의 혁명의 성과를 지키고 혁명의 추진을 보장하며 외부의 공격을 방어하기 위한 민족군대로 의미를 부여하고 있다.[7]

---

6 국사편찬위원회, "해방 이후 4년간의 국내외 중요일지," 『남북관계사료』, 제7권 (서울: 국사편찬위원회, 2015), 709–712쪽.

7 김선호, 『조선인민군-북한무력의 형성과 유일체제의 기원』 (서울: 한양대학교 출판부, 2020), 42쪽.

군대의 창설과 함께 북한지역에서는 '지원병제'를 도입하고 18세부터 25세까지 군복무를 제도화하였다. 이후 한국전쟁은 북한군에도 큰 변화를 불러왔다. 김일성은 1950년 7월 1일 전시총동원령을 발동해 징집 제외대상들조차 모두 징집했다. 징집 연령은 17세부터 30세까지로 확대하였으며, 31세부터 50세까지는 군노무자 및 군수산업 공장으로 총동원하였다. 한국전쟁 이후 김일성과 각 정치파벌 간의 권력투쟁 기인 1956년에는 인민무력부 〈인민군복무조례〉를 제정해 평시 18~25세, 전시 18~45세로 의무병제로 변경하였다. 이러한 조치는 북한이 경제개발계획에 집중하는 시기인 1958년에는 군복무 기간을 다소 완화하는 내각결정 148호에 따라 군복무 기간을 지상군 3년 6개월, 해공군은 4년으로 정하는 조치를 취하기도 하였다. 그러나 실제로는 육군은 5년, 해공군은 6~8년씩 복무하였다. 군복무 기간을 다소 완화해 1978년부터는 군복무 기한을 9년으로 실행하고자 '제대기준'을 적용하기도 하였다.

1993년 북한은 동유럽 국가들의 체제전환 등으로 경제를 비롯한 국가의 위기가 닥치자 군대의 복무 기간을 남자 10년, 여자 7년으로 다시 늘렸다. 1996년 가을부터 2002년까지는 '고난의 행군' 후유증으로 군 입대자의 규모가 급격히 줄어들자 남자 30세, 여자 27세로 나이로 제대 날짜를 맞추는 '근무연한제'를 도입하였다. 북한이 고급중학교를 졸업하는 나이가 17세인 점을 고려하면 남자 13년, 여자 10년의 장기 군복무를 하는 셈이 되었다. 이때 북한에서 나온 구호가 '선군정치'였다. 국가의 어려움에 군대를 투입하여 해결하겠다는 의지를 표현한 것으로 요약할 수 있다.

이러한 병역제도는 2002년 '전민군사복무제' 도입과 2003년 「군사복무법」 도입으로 남자 10년, 여성 6년으로 줄었다가 2014년 다시 남자 11년, 여자는 7년으로 늘어나기도 하였다.[8] 북한은 다시 2016년 12월 '인민무력성' 발표를 통해 남자는 10년, 여자는 5년으로 군복무 기간을 줄였다. 박지원 전 국가정보원장에 따르면 2021년 1월 북한은 또다시 노동당 제8차 대회에서 남자는 7~8년, 여자는 5년으로 군복무 기간을 단축하였다고 국회 정보위원회에 보고하였다.[9] 이는 군에서 제대한 인력을 경제 현장에 투입함으로써 경제발전 5개년 전략을 성과 있게 추진하기 위한 북한 지도부의 인식이 투영된 결과로 보인다. 여기에는 북한이 국제사회의 대북제재로 인해 외부의 자본과 물자를 도입하기 힘든 상황에서 자력갱생·자립경제 노선으로 돌파해 보려는 의도가 내포된 것으로 풀이된다.

〈표 5-1〉 북한 군대의 복무 기간 변화 과정

연도 (구분)	주요 내용	비고
1945. 10.	지원병제(18~25세)	- 조선인민군 창설 및 한국전쟁 준비 기간
1950~1953	강제징집(17~30세)	- 한국전쟁 시 '전시동원령'에 의거
1956~	의무병제(18~25세)	- 인민무력부 "인민군복무조례"에 의거
1958	지상군 42개월, 해공군 48개월	- 내각 결정 148호
1978~	9년	- 제대기준 적용

---

8 김성민, "3년 만에 복무기간 다시 줄이는 북한군…왜?,"《New Daily》(2017.1.8.).
9 정래원, "북, 군복무 줄여 '젊은 노동력' 생산현장 투입…병력 감축 주목"《연합뉴스》(2021.2.16.).

연도 (구분)	주요 내용	비고
1993~	남자 10년, 여자 7년	- 동유럽 사회주의 국가들의 체제전 환으로 경각심
1996~2002	남자 30세, 여자 27세	- 근무연한제
2003	남자 10년, 여자 6년	- 군사복무법
2014	남자 11년, 여자 7년	
2016	남자 10년, 여자 5년	- 인민무력성 발표
2021. 1.	남자 7~8년, 여자 5년	- 노동당 제8차 당대회

출처: 유관기관 자료 재정리

2. 북한군 입대 기준과 절차

북한의 병역제도는 초모제(招募制)로 모병제와 유사하다고 할 수 있다. 북한의 『조선말대사전』에는 '초모'의 의미를 "군대에 지망하는 사람을 모집하여 뽑는 것"으로 설명하고 있다. 의미상으로는 북한의 군대를 '지원제'와 같이 사용하고 있으나, 실제로는 '징집제'와 같이 강제성을 부여하고 있다. 북한의 사회주의 헌법 86조에는 "조국보위는 공민의 최대의 의무이며 명예다. 공민은 조국을 보위하여야 하며 법이 정한 데에 따라 군대에 복무하여야 한다"고 규정함으로써 의무병제를 법제화하고 있다. 2002년 3월 제10기 6차 최고인민회의에서 「군사복무법」을 제정하고 '전민 군사복무제'를 시행함으로써 의무병제의 강화조치로 볼 수 있다. 한마디로 북한의 공민, 즉 남자라면 누구나 군사복무를 해야 할 법적 의무를 지니게 되었다고 볼 수 있다.

최근 북한에서는 군에 대한 기피현상이 심화되고 있다고 한다.[10] 이유는 두 가지다. 첫째는 당원이 되더라도 "인생을 살아가는 데 별 도움이 되지 않는다"라는 인식이 확대되고 있기 때문이다. 장기간 군대 생활을 어렵게 하면서 당원이 되고, 당원이 되어야만 북한사회에서 간부가 될 수 있었는데, 최근에는 당원이 되는 것보다 돈을 많이 벌 수 있는 길을 선호하는 풍조가 만들어지고 있기 때문이란다.

둘째는 북한의 경제난 이후 군대의 급여가 너무 낮게 책정되어 있기 때문이다. 사병의 경우는 초급병사 700원(한화 약 95원), 중급병사 750원(한화 약 100원), 상급병사 800원(한화 약 110원) 정도라고 한다. 어떤 탈북민은 월급이 너무 적어서 급여가 없는 것으로 알았을 정도다. 장교인 소위부터 대위가 3,200~4,000원 정도 된다. 군대에서의 생활 형편이 악화되어 군 기피현상이 심화되고 있다고 한다. 그러다 보니 자재, 무역, 외화벌이 단체에 소속되기를 바라는 청년들이 많아지고 있다.

북한에서는 일정한 초모 연령이 되면 초모 제외자 이외에는 대부분 군복무를 해야 한다. 초모 연령도 1965~1972년에는 만 20세였으나, 1972년 이후부터는 고급중학교 졸업반인 만 17세 이상으로 하향 조정되었다. 당시 이러한 조정 이유는 전투 사상을 조기에 투입한다든지, 전투원 장기 확보 및 공민권 부여 시기와의 균형을 위한 조치의 일환으로 보인다.[11]

초모의 기준도 북한의 역사, 경제 여건 등에 따라 변화되었다. 북한

---

10 탈북민 O씨 인터뷰.

11 정영태, "북한병역제도 변화와 병역감축 가능성," 『통일정세분석 2003-06』 (서울: 통일연구원, 2003), 6쪽.

의 분배시스템이 비교적 원만하게 작동되던 시기인 1995년 이전까지는 남자 150cm 이상(여자 155cm)이었지만, '고난의 행군' 이후에는 남자 145cm(여자 150cm)로 기준이 대폭 완화되었다. 2020년에는 인민군 초모의 신장기준을 148cm 이상으로 높였다는 주장도 제기되었다.[12] 상향 배경에는 이들이 2003~2004년 출생자로 흔히 '장마당 세대'로 불리는데 식량을 국가공급체제에 의존하지 않고 시장을 통해 성장해 그 이전 세대보다 영양상태가 비교적 양호한 결과로 분석된다.

북한에서 초모 제외자는 다음과 같다. 1) 폐결핵, 늑막염, 색맹 등 각종 질환으로 신체 불합격자, 2) 사회안전부원, 과학기술, 예술·교육·행정요원, 고령 부모 독자 등, 3) 성분 불량자(반동 및 월남 가족 중 친가 6촌, 외가 4촌 이내, 월북자), 형복무자 등은 징집에서 제외되고 있다. 대학생은 2학년 때 6개월간의 군부대 입소 훈련 후 예비역 소위로 임관하게 된다.[13]

초모 절차는 다음과 같은 순서에 따라 진행된다.[14] 1) 인민무력부 군사대열 보충국에서 인민군 전체 손실 병력을 판단하고 도 단위 병종별(병과별)로 소요 인원을 할당, 도 군사동원부(남한의 병무청)에 초모를 지시함, 2) 도 군사동원부에서는 군 단위 병종별 소요 인원을 배분 할당하고 군 군사동원부로 초모를 지시, 초모 대상자를 선별하여 보고함, 3) 군 군사동원부에서는 초모 대상별 개인 신상카드를 작성하고, 신원 조회과에 신원조회를 의뢰하며, 신체검사 대상 통보 → 실시 → 결과보고로 이어지며, 초모 대상자를 선별해 보고함, 4) 군 군사동원부 주관으

---

12 정태주, "'148cm 미만 병역 면제'…2020년 달라진 北 초모 기준." 《Daily NK》 (2020.3.5.).
13 블루투데이 기획팀, "북한군 해부 ③ 인민군의 군사제도," 《블루투데이》 (2012.5.1.).
14 정영태, 앞의 자료, 2-3쪽.

〈그림 5-1〉 북한의 청년들이 입영 기차를 타는 모습

출처: 《rfa》 (2017.6.22.)

로 군내 병원 또는 학교에서 7일간 신검이 이루어지고, 군 사회안전부 신원 조사과 주관으로 초모 대상자의 사상 동향을 파악한다. 이와 같이 북한은 전체의 초모 규모를 정한 다음 점차 지역으로 내려오면서 최종적으로 각 시군 단위에서 초모의 실제 행위가 이루어진다.

초모의 절차가 마무리되면 입대절차는 다음의 순서대로 진행된다.[15] 도 군사동원부에서 신체검사합격자, 신원조회 적격자 대상으로 초모 대상자를 확정 → 도 및 군 군사동원부에서 지상군, 해군, 공군으로 분류 → 도 및 군 군사동원부에서 대열 편성 소속부대 군관에 의해 각 단위부대 단체 수송 → 입대자 환송식을 거쳐 각 단위부대에 입소하게 된다.

---

15 위의 자료, 3쪽.

3. 북한 군대 신병들의 훈련

북한은 매년 4월과 9월에 각각 군대에 입대한다. 부대별로 신병훈련소가 편성돼 있다. 신병훈련소가 없는 경우에는 병영 내 건물 일부를 개조해 교육대로 사용하기도 한다. 북한의 군인들이 부대에 입소하여 신병으로 생활하는 모습과 자대에 배치되어 본격적인 병영 생활의 모습을 살펴보도록 하자.

1) 신병 생활

북한에서 신병훈련은 일반 보병부대 경우는 3개월, 특수부대는 6~9개월 정도 받는다. 군사훈련을 담당하는 교관은 군관(장교)과 하사관(부사관)이 담당하는데 군단이나 사단에서 선발한다. 교육은 실전교육과 이론교육으로 분류된다. 실전교육에는 군사훈련으로 사격, 전술, 화생방, 체육, 제식, 행군, 격술(특공무술) 등이 포함된다. 이론교육은 사상교육이 핵심인데 수령 결사옹위 정신, 자폭 정신이 중심이다. 결사옹위 정신에는 주체사상, 김일성·김정일 부자의 군과 관련된 지시나 지침, 혁명역사, 반미 교육 등이 주를 이룬다. 북한군에서도 예술, 체육 등 조금이라도 덜 힘든 병과를 돈 많은 집 자녀들이 선호하고 있다고 탈북민이 전해 주었다.[16] 사람 사는 세상은 어디에서나 조금이라도 쉽고 안전한 자리를 차지하려는 의지와 노력은 수면 위와 아래에서 진행될 수 있다는 사실에 고개가 끄덕여진다. 소대 단위로 신병훈련이 이루어지

---

16 탈북민 O씨 인터뷰.

는데 오전에는 이론교육을, 오후에는 실전교육이 주로 진행된다. 신병 훈련 기간에는 일반 병영 생활과 똑같이 진행된다.

한편 여군들은 의무, 통신, 해안포, 고사포, 초병(교량 · 터널 · 해안초소) 부대에서 주로 복무한다. 이러한 보직들도 결코 쉽지 않은 자리다. 2008년 7월 11일 금강산 관광객 피살사건이 일어났다. 당시 북한의 고성군 금강산 지역을 경계 근무하던 초병도 18세 여군이었다. 남한 관광객이 금강산 관광객으로 방북했다가, 이날 새벽에 사망하는 사건이 발생해 결국 금강산 관광 중단으로 이어지고, 안타깝게도 현재까지 재개하지 못하는 상황이다.

신병들은 토요일에는 훈련을 진행하지 않고 대청소와 목욕 · 빨래 등 개인위생을 점검한다. 때에 따라서는 강연회나 영화 감상도 진행한

〈그림 5-2〉 김정은 위원장의 여군부대 시찰

출처: 《로동신문》(2019.9.25.)

다. 일요일에는 별다른 훈련 없이 휴식으로 보낸다. 북한군도 과거에 비해 신병들의 훈련 강도는 약화되었다고 평가하기도 한다.

신병훈련 가운데 가장 힘든 훈련이 행군으로 알려져 있다. 행군은 훈련 기간 마지막 주 토요일에 실시하는데, 정기행군(12km) · 장거리 산악행군(40km) · 무장 강행군(4km)이 있다.[17] 무장 강행군 같은 경우는 배낭을 24kg에 맞추고 행군한다. 행군은 소대 단위로 진행하며 다수가 낙오하기도 한다. 행군 중 가장 힘든 구간이 구보나 방독면을 쓰고 달릴 때라고 이구동성으로 말한다. 행군의 어려움을 토로하는 경우는 남북한 모두가 같다. 남한의 최정예 부대로 알려진 검은 베레모 공수특전단 출신 병사도 여름철 1,000리 행군이 가장 힘겨운 군 생활로 오래도록 기억했다. 1년에 한 번 인간의 한계를 경험한 5박 6일이었다고 30년 전 당시 군 생활을 어떤 한 친구는 회고했다.

2) 병영 생활

군 생활은 일반적으로 외워야 할 내용들이 다양하고 분량도 많다. 이 점에서는 북한의 군인들도 예외가 아니다. 북한의 군인들이 원만한 병영 생활을 위해 외워야 할 내용이 '군무 생활에서 지켜야 할 10대 준수사항'(이하에서는 10대 준수사항)이다. 이는 북한군이라면 잠을 자다가도 몇 번째 내용 하면 바로 읊을 수 있어야 되는 기본 중의 기본으로 받아들이는 암기 사항이다. 한 가지 흥미로운 사실은 김일성 · 김정일 시대에 군 생활을 했던 병사들은 이 '10대 준수사항'을 김일성이 직접 만들

---

17 윤규식, "북한군 신병훈련," 《조선일보》(2009.6.10.).

었다고 들었는데, 최근 군에 입대한 북한의 장병들은 김정은의 작품이
라고 얘기하고 있다고 한다.

〈표 5-2〉 군무 생활에서 지켜야 할 10대 준수사항

① 군사규정의 요구를 철저히 준수, ② 자기 무기, 장비 정통과 철저한 관리, ③ 군사 및 상관의 명령의 철저한 집행, ④ 당 및 정치조직에서 준 분공의 어김없는 집행, ⑤ 국가 · 군사 · 당 조직의 비밀 엄격한 유지, ⑥ 사회주의 법과 질서의 철저한 준수, ⑦ 군사 · 정치 훈련에 어김없는 참여, ⑧ 인민재산 침해 금지 및 군민관계 유지 노력, ⑨ 국가재산과 군수물자의 철저한 보호 및 절약 노력 증가, ⑩ 군대 및 상하 간 일치단결 미풍 확립

10대 준수사항은 군 생활에서 가장 기본적인 복무규정들을 집약해
놓았다고 볼 수 있다. ①의 군사규정은 내무, 규율, 대열(제식 등), 위수
및 위병 등 군 생활에 기초적인 질서 유지를 강조하기 위함이다. ②는
무기들은 자기 눈동자와 같이 맑고 투명하게 늘 깔끔하게 관리해 두어
야 함을 일깨우는 조항이다. 북한에서는 상급부대에서 하급부대로 종
종 검열을 내려올 수 있는데, 이때 떡을 조금 가지고 와서 총기의 틈새
에 넣고 먼지가 묻어 나오는지 세심하게 살피기도 한다. ③ 북한의 군
가 가운데 〈알았습니다〉라는 노래가 있을 정도로 상급자의 명령에 무
조건 복종을 강요하고 있다. 수령과 당의 명령을 위하여 우리는(군인들
은) '알았습니다'로 대답한다는 노랫말이 핵심이다. ④ 당과 정치조직,
즉 청년근위대(1년 1주~10일 훈련), 교도대(40일간 훈련), 노동적위대(15일 훈
련) 등에 적극적으로 참여해야 한다는 내용이다.

북한의 청년들이 군복무 중 규율을 어길 경우 장교나 하전사를 불문
하고 제대 이후 직장 생활에서 불이익을 받는다. 군복무 기간 중 휴가

는 규정상으로는 연 1회 정기휴가 15일을 받지만, 실제로 지켜지는 경우는 거의 없다. 표창수여, 부모사망 때는 10~15일간의 특별휴가가 있으나 이 또한 제대로 지켜지는 경우는 드물다.

북한의 병영 생활은 매우 열악한 환경에서 지내고 있다. 먼저 잠자는 막사는 80~100명이 함께 지낸다. 한 사람당 잠자는 공간 넓이는 평균 60cm 정도에 지나지 않으며, 2층 침상으로 이루어져 있다. 취침 중에 화장실을 다녀와서 다시 누우려고 하면 비좁아진 자신의 자리에 힘겹게 몸을 눕혀야 한다. 둘째, 식사는 기본적으로 옥수수가 90% 차지하고 쌀은 10%에 지나지 않는다. 채소, 고기 등 부식은 각 부대가 자체적으로 공급하고 있다. 북한 군인들은 채소뿐만 아니라 염소, 돼지도 직접 기르는 경험을 함으로써 대부분 농사를 지을 수 있게 된다. 셋째, 북한 군인들은 특수부대를 제외하고 평균 복무 기간의 3분의 1에서 2분의 1

〈그림 5-3〉 북한 군인들이 난방 연료인 석탄을 자체 해결하는 모습

출처:《rfa》(2022.11.8.)

〈그림 5-4〉 북한 군인들의 건설현장 투입 장면

출처: 《rfa》(2019.4.18.)

은 건설, 영농, 하천복구 등 비군사적인 노동 활동을 수행해야 한다.

북한 군인들의 전투력은 약해질 수밖에 없는 환경이지만, 군대가 나서지 않으면 북한의 건설현장이 제때 완공되기 어렵다. 북한의 군대는 조국 보위가 가장 큰 책무이지만, 경제와 건설에서도 맨 앞에 앞장서는 임무를 띠는 집단이다. 넷째, 북한 군인들에게 보급되는 생필품들은 질과 양에서 모두 부족하다. 북한군에게 지급되는 주요 생필품들은 군복의 경우는 2년에 1벌, 신발은 1년에 2켤레, 동복은 2년에 1벌, 세숫비누는 2개월에 1장, 세탁비누는 3개월에 2장 등을 지급하는 것으로 파악되었다. 국가에서 보급하는 생필품이 부족하다 보니 장병의 부모들이 신발, 내복 등을 시장에서 구매해 자녀에게 보내주기도 한다.[18] 북한의 군부대에는 남한의 PX 같은 기능과 역할을 하는 군대 내 매점은 존

---

18 탈북민 O씨 인터뷰.

재하지 않는다. 존재한다고 하더라도 구입할 수 있는 경제적 능력이 없는 게 사실이다. 북한 군인들은 복무 기간 동안 여러 요인들로 어렵고 힘든 젊은 날의 긴 시간을 보내고 있다.

4. 북한 군인들의 하루 일과 모습

동서고금을 막론하고 군대는 규칙적이고 반복된 생활을 하는 특징을 지닌 집단이다. 숙련도는 군의 생명이다. 전투화를 신고 개인 화기를 들고 집합하기까지 군대 고참인 병장과 초보인 이등병의 걸리는 시간을 비교한다는 것은 어불성설이다. 고참들은 같은 행위를 수없이 반복함으로써 빠르고 정확하게 임무를 수행할 수 있으나, 신병들에게는 하는 일마다 낯설어 당황스럽고 서툴기도 할 것이다. 그런 면에서 북한군의 기본적인 일상을 이해하는 것은 북한군이 어떤 분야에 중점을 두고 있는지, 어떻게 하루하루를 보내는지 그려볼 수 있는 분야이므로 흥미로운 대목이다.

〈표 5-3〉 북한 군인들의 하루 일과

시간	주요 내용	일요일
06:40 (동계)	- 기상 (여름에는 1시간 당겨짐)	
06:45~07:00	- 아침 운동	
07:00~07:30	- 청소 및 정돈	※ 휴식을 취하지만, 체육, 개인위생
07:30~07:40	- 아침 검사	
07:40~08:40	- 아침 시간	
08:40~09:00	- 독보회 / 상학 준비	

시 간	주요 내용	일요일
09:00~11:00	- 1, 2상학(정치학습)	
11:00~12:00	- 3상학(병종별 훈련)	
12:00~13:00	- 4상학(〃)	
13:00~14:00	- 점심시간	
14:00~15:00	- 조준연습 및 무기소재	
15:00~17:00	- 5, 6상학	※ 휴식을 취하지만,
17:00~18:00	- 체육 및 자율활동	체육, 개인위생
18:00~19:00	- 저녁 시간	
19:00~20:00	- 제7상학(야간훈련)	
20:00~21:00	- 보도, 군중오락	
21:00~21:50	- 저녁 점검 준비	
21:50~22:00	- 저녁 점검 및 취침	

출처: 탈북민 O씨

북한의 군인들은 하루를 6시 40분에 일어나 시작한다. 여름에는 1시간 일정이 당겨져 5시 40분에 기상한다. 오전에는 주로 정치학습을 비롯한 사상교육을 진행하고, 오후에는 실전훈련이 이루어진다. 북한 말로 '상학'은 남한의 '교시'에 해당된다. 북한 군인들은 하루에 7시간 정도 훈련을 받는 셈이다. 저녁 10시에 취침에 든다.

토요일에는 오전에는 훈련하고, 오후에는 병영 내외부인 회의장, 운동장, 화장실, 식당 등의 청소를 비롯하여 개인 침구류 빨래 등으로 시간을 보낸다. 아직까지 북한의 병영 생활 속 토요일은 다른 요일과 별로 다를 바 없이 일과를 보내고 있다고 해도 과언이 아니다.

북한군의 휴일은 '휴식일'이다. 그러나 오전에는 부업이나 체육경기를 주로 한다. 경기 종목은 축구, 배구, 농구 등을 주로 한다. 부대별로 운동장을 사용하므로 경쟁이 치열하다. 경기가 오전에 잡히면 운동

경기를 마치고 오후에 낮잠이나 휴식을 가질 수 있지만, 오후에 잡히면 오전 내내 대기해야 하므로 개인 시간은 사라지고 만다. 종종 주패놀이를 해 지급받은 하루에 10개비의 담배를 걸고 내기를 하기도 한다.

북한의 군 생활은 자기 계발과 장기 계획을 준비하기에는 여러 가지 제약이 따른다. 하루 일과 속에서 여유가 없을뿐더러 본인의 미래를 스스로 준비할 수 있는 여건이 되지 못하기 때문이다. 최근 남한의 군대는 1주일에 몇 시간 근무(훈련)하고, 토요일과 휴일은 주로 휴식하거나 대외 봉사로 시간을 보내는 경우가 많다. 어떤 날 시간을 초과하여 근무하면 외박이나 휴가로 보상해 주기도 한다. 군대도 과거와 같이 상관의 명령에 복종하는 문화에서 점차 합리적이고 개인의 계발을 할 수 있는 시기로 활용하는 문화가 정착해 나가고 있다.

5. 북한의 군 내 조직 생활

북한군에서는 왜 쿠데타가 일어나지 않을까? 일반적으로 많은 이들이 가진 의문이다. 다양한 이유가 있겠지만, 가장 큰 이유는 성공 가능성이 매우 낮기 때문이다. 쿠데타는 성공하면 정권을 잡을 수 있지만, 실패할 경우에는 가담자 본인들은 물론이고 자식을 포함한 친인척들에게 치명적인 불이익이 돌아갈 수 있기에 신중하게 행동할 수밖에 없다. 조선시대에도 정적들을 몰아내기 위해 가장 많이 동원했던 죄명이 '역성혁명'이었다. 여기에 걸려들면 누구라도 생명을 부지하기가 불가능했으며 3족, 즉 친가, 처가, 외가까지 몰살당해야만 했다. 북한에서도 성분

불량자들은 본인과 자녀들의 진학과 취업에서 불이익을 받아야만 한다.

북한군에서 쿠데타가 불가능한 이유는 세 가지로 요약된다. 첫째, 북한 군대의 독특한 조직구조다. 군 내부의 모든 교육계획과 명령서에는 군 지휘관과 함께 '정치위원'의 수표(서명)가 있어야 효력이 발생하게 된다. 예를 들면 북한 군대의 A 사단에서 훈련을 실시한다고 하면, 사단장과 '정치위원'의 수표가 함께 찍혀야 가능하다는 말이다. 이러한 북한 군대의 정치·군사 이원화 체계로 군대의 이동은 사실상 불가능하다고 볼 수 있다. 북한군의 이러한 당조직은 한국전쟁 기간에 조직되기 시작해서 1958년에 이르러 '인민군당위원회'로 정식으로 조직화되었다. 1961년 제4차 당대회에서 당규약에 인민군군대 내 전체 당조직을 총괄하는 '조선인민군당위원회'가 있고, 대대급 이상에는 '당위원회', 중대 이하에는 당세포와 당분조가 구성되어 있다. 인민군당위원회

〈그림 5-5〉 북한군 지휘체계

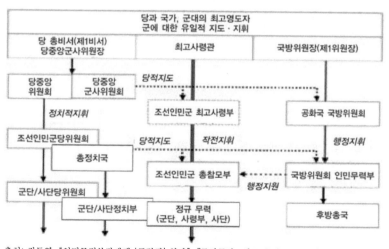

출처: 김동엽, "인민무력부장에겐 '군령권' 없다", 『주간동아』 제889호 (2013.5.27.), 44~45쪽.

는 노동당 중앙위원회 직속으로 군대 내 유일사상체계 확립, 당대열 확대강화, 군사사업의 당적지도 강화, 청년동맹의 조직지도 등의 임무를 수행하고 있다. 이러한 당의 군대 지배는 사회주의체제의 특징으로 과거 소련으로부터 도입하였다.

둘째, 보위사령부 요원들이 각 부대에 배치되어 있다. 보위지도원들이 군대의 동태를 시시각각으로 보고하는 체계이다. 여기에 더해서 작전부 라인, 청년동맹 소속 등 각자의 군대 내 조직으로 보고함으로써 군 이동의 비밀은 유지되기가 어렵다. 쿠데타를 하려면 적어도 사단급 군대를 비밀리에 움직여야 성공할 수 있는데, 비밀리에 군대 이동이 원천 봉쇄되어 있다고 해도 과언이 아니다.

셋째, 북한에서 쿠데타가 설령 일어났다고 하더라도 쿠데타군이 평양으로 진입하는 게 매우 어렵다. 평양 외곽에는 북한 최정예 부대인 평양방어사령부가 버티고 있다. 북한판 수도경비사령부인 평양방어사령부는 2016년 『국방백서』에 따르면 '91수도군단'으로 부대 명칭이 바뀌었다. 그리고 평양고사포사령부가 존재하고 있어서 북한의 수도 평양의 대공방어 임무를 수행하고 있다. 평양고사포사령부는 군단급으로 총 7개의 여단으로 구성되어 있는 것으로 알려져 있다.[19] 북한의 하늘을 책임지고 있다고 해도 과언이 아니다. 따라서 평양은 2차, 3차의 방어선을 치고 있다. 전투력 극강이라고 평가받는 호위사령부가 진을 치고 있으며, 그다음에는 북한 최고지도자를 경호하는 친위부대인 974부대가 있다. '인간방패'인 974부대원들은 북한에서 출신 성분과 체력

---

19 박찬문, "평양방어사령부, 평양방공사령부, 호위사령부," 《조선일보》 (2003.11.1.).

에서 모두 검증받은 자재들만 입대하는 부대다. 규모는 약 2만 5천에서 3만 명 수준이다. 이 부대 출신인 숭의동지회 회장인 강진 씨는 이에 대해 자세하게 증언한 바 있다.[20]

이와 같이 북한 군대 내의 조직체계와 군부대의 배치를 고려할 때, 북한에서의 군사쿠데타는 불가능에 가깝다고 할 수 있다. 심지어 한 탈북민은 북한 군대는 전쟁을 수행하기 위한 조직이 아니라 쿠데타를 방지하기 위한 조직이라고까지 말한다.[21] 가능하다면 974부대가 쿠데타를 일으키면 상황은 달라질 수 있는데, 이 부대의 지휘관들은 쿠데타에 성공하더라도 지금보다 더 행복하고 안락하게 살 수 있을지 의문이다. 그만큼 974 부대원들이 현재 누리는 대우가 좋을뿐더러 미래가 보장되어 있다는 의미이다.

6. 북한 군인들의 전역과 사회 복귀

북한의 군인들은 제대 이후 어떻게 살아가야 할지를 깊게 고민한다. 이유는 군 생활에서 사회진출에 필요한 자질과 능력을 함양할 수 있는 여건이 되지 않기 때문이다. 군대 내에서 미래를 준비할 수 있는 환경과 기회가 주어졌다고 하더라도 실제 배치과정에서는 노동당과 정부의 지시대로 배치되기에 쓸모가 없다.

20　북한 974부대 출신인 강진 씨의 증언.
21　주성하, "쿠데타 가능성 원천 봉쇄한 북한군," 《유튜브》 (2020.2.13.).

북한에서 인기 있는 병과와 보직은 해군, 국경경비대, 물자보급부대, 헌병부대, 운전병 등이다. 해군은 물고기를 잡아서 영양 보충에 별문제가 없기 때문이다. 국경경비대는 두만강 상류 지역에서 밀수가 횡횡하므로 보초에게 뇌물을 주는 경우가 많기 때문이다. 기타 부대들에서도 합법·비합법적으로 돈을 벌 수 있는 기회가 주어지기 때문이다. 반대로 기피하는 병과는 탄광, 농장, 주요 건설현장 등이다. 위험할 뿐만 아니라 힘들고 어렵기 때문이다. 부수입은 거의 없다.

전역을 앞둔 북한 병사들이 가장 두려워하는 경우는 집단배치 명단에 포함되는 것이다. 제대할 무렵 정치적 행사나 자연재해 등에 동원이 필요하다는 캠페인이 벌어질 때 집단배치에 걸리면 예외 없이 따라야만 한다. 농부로 평생을 보낼 수도 있고, 광부로 일생을 땅속에서 지낼 수도 있다. 남자들은 제대와 함께 어디에 배치되느냐에 따라 삶의 방향과 운명이 결정된다고 해도 과언이 아니다.

북한 군인의 전역 이후 사회진출 과정은 크게 세 가지로 분류해 볼 수 있다. 먼저 가장 운이 좋은 경우는 노동당에 가입하고 대학 추천을 받는 경우이다. 만약 여기에 해당되면 장래는 매우 밝다고 할 수 있다. 당원이 되어야만 취업할 때 간부가 될 수 있기 때문이다. 더구나 대학을 졸업하고 나면 훨씬 더 확률이 높아진다. 둘째는 노동당에 가입하고 고향으로 돌아가는 경우이다. 비록 농촌이라 하더라도 협동농장의 간부가 될 수 있어서 그나마 다행이다. 셋째는 가장 싫어하는 경우로 노동당에 가입하지 못하고 집단배치에 포함되는 경우이다. 농촌이나 탄광촌에 배치받게 되면 자식들에게까지 영향을 미치게 되므로 제대군인들이 매우 꺼리는 경우이다.

〈그림 5-6〉 북한 군인들의 전역증

북한 군인들은 제대 이후 고향에서 20~30일 휴식하고 나서 취업을 하게 된다. 보통은 시군인민위원회 노동부에서 공장·기업소에 배치하면 사회 복귀는 일단 마무리된다. 그러나 본인의 적성과 능력에 맞지 않을 경우 이직을 희망해도 절차와 과정이 매우 까다롭다. 먼저 이동하려는 공장에서 수용 허가증을 받은 다음, 현재 공장에서도 허가증을 받아야 한다. 그리고 시군인민위원회 노동부에서 승인을 받아야만 직장 이동이 가능하다. 이러한 경우는 매우 드물다는 게 탈북민들의 한결같은 얘기다.

| 참고문헌

국사편찬위원회. "해방 이후 4년간의 국내외 주요 일지." 『남북관계사료집』. 제7권.
　　서울: 국사편찬위원회, 2015.

김선호. 『조선인민군-북한무력의 형성과 유일체제의 기원』. 서울: 한양대학교 출
　　판부, 2020.

대한민국 국방부. 『국방백서』. 서울: 국방부, 2018.

이석. "2008년 북한 인구센서스의 분석과 문제점." 『한국개발원 정책연구시리즈
　　(2011-11)』. 2011.

정영태. "북한병역제도 변화와 병역감축 가능성." 『통일정세분석 2003-06』. 서
　　울: 통일연구원, 2003).

정영철. "신화와 현실: 북한 정규군 '100만' 신화 비판." 『북한연구학회보』. 20(1).
　　2016.

김동엽. "인민무력부장에겐 '군령권' 없다." 《주간동아》 제889호(2013.5.27.).

김성민. "3년 만에 복무기간 다시 줄이는 북한군…왜?." 《New Daily》(2017.1.8.).

박용한. "한국 6위, 북한 28위라는 군사력 격차…핵무기 계산 안했다?." 《중앙일보》
　　(2021.10.31.).

박찬문. "평양방어사령부, 평양방공사령부, 호위사령부." 《조선일보》(2003.11.1.).

블루투데이 기획팀. "북한군 해부 ③ 인민군의 군사제도." 《블루투데이》(2012.5.1.).

윤규식. "북한군 신병훈련." 《조선일보》(2009.6.10.).

이제훈. "북한군 120만명이 아니라 70만명." 《한겨레》(2015.12.23.).

정래원. "북, 군복무 줄여 '젊은 노동력' 생산현장 투입…병력 감축 주목." 《연합
　　뉴스》(2021.2.16.).

정태주. "'148cm 미만 병역 면제'…2020년 달라진 北 초모 기준." 《Daily NK》
　　(2020.3.5.).

주성하. "쿠데타 가능성 원천봉쇄한 북한군." 《유튜브》(2020.2.13.).

http://www.nkwatch.org/?page_id=2203(검색일: 2022.7.30.).

제6장

북한 노동당원의
일상생활

북한 정치권력의 핵심은 조선로동당이다. 북한의 권력은 조선로동당을 통해 작동된다고 해도 과언이 아니다. 당이 입법·사법·행정의 중심을 이루고 있기 때문이다. 노동당원이 아니면 최고인민회의 상임위원장이 될 수 없으며, 내각의 총리도 노동당원이다. 심지어는 북한에서 조선로동당 이외 정당인 사회민주당과 청우당의 당 대표들조차 조선로동당원이다. 북한에서 노동당원이 아니면 모든 정치 엘리트에 진입할 수조차 없는 게 현실이다. 노동당원은 북한의 정치, 경제, 사회, 문화, 예술 등 모든 분야의 간부가 될 수 있는 기초인 셈이다.

"조선로동당은 위대한 김일성·김정일주의 당이다." 2021년 1월 9일 개정한 조선로동당 규약 첫 문장이다. 북한사회는 수령-당-인민으로 이어지는 '사회주의 대가정'으로 어머니 같은 역할을 조선로동당이 담당하고, 아버지 역할은 수령이 이끄는 체계로 설계하여 집단주의 특성을 지니고 있다. 조선로동당은 '조선민주주의인민공화국'보다 더 상위에서 북한사회 전체를 지도해 나가는 '영도체제'라 할 수 있다.

이러한 당 우위의 국가체제는 비단 북한만이 갖는 특성이 아니라 사회주의 국가들의 일반적인 특성이다. 스탈린도 소련공산당의 서기장이었으며, 마오쩌둥도 중국공산당의 최고 실세였다. 현재 중국의 최고지도자로 꼽히는 시진핑 주석도 중국공산당 총서기의 지위를 갖고 있다. 사회주의 국가들은 흔히 '당-국가체제'를 유지하면서 공산당 또는 노동당이 실질적으로 국가보다 우월한 위치에서 통치해 왔다.

북한 조선로동당에 관한 그동안의 연구는 정책, 사상 그리고 조직체계 등에 집중해 왔다고 볼 수 있다. 연구의 성과도 컸다. 그러나 실제 조선로동당을 구성하고 작동하고 있는 행위 주체인 노동당원들에 관한 관심은 크게 주목을 받지 못해 왔다. 이 장에서는 어떠한 사람들이 조선로동당의 당원이 되고, 조직 생활은 어떻게 하는지, 그들의 역할과 권한은 어떤지, 일상은 어떻게 살고 있으며, 은퇴 이후 삶은 어떤 모습인지 등을 살펴보고자 한다.

1. 누가 당원이 되는가?

북한에서 정치 엘리트로 진입할 수 있는 첫 관문은 조선로동당 당원이 되어야 한다는 것이다. 당원이 되어야 각 분야에서 간부로 추천받을 수 있는 길이 열린다. 조선로동당 규약 전문에서도 "조선로동당은 근로대중의 모든 정치조직들 가운데 가장 높은 형태의 정치조직이며… 모든 분야를 통일적으로 이끌어 나가는 령도적 정치조직, 혁명의 참모부이며 조선 인민의 모든 승리의 조직자, 향도자"라고 밝히고 있다. 당원이 된다는 의미는 한마디로 북한사회를 지도해 나가는 집단의 소속원이 되는 기회를 잡게 되는 것이다.

북한에서 당원은 누구나 될 수 있지만, 까다로운 절차와 과정을 거치기에 아무나 되지는 않는다고 말할 수 있다. 조선로동당 규약(이하 규약으로 표기)에 규정해 놓은 일정한 자격을 갖추어야 하고, 동시에 적절한 절차를 거쳐야 하기 때문이다.

먼저, 조선로동당 규약을 살펴보기로 하자. 2021년 1월 개정한 규약 제1조에는 "조선로동당 당원은 수령의 혁명사상으로 철저히 무장하고 당조직 규률에 충직하며 당중앙의 령도따라 우리식 사회주의 위업의 새로운 승리, 주체혁명 위업의 종국적 승리를 위하여 한 몸 다 바쳐 투쟁하는 주체형 혁명가이다"라고 당원 자격을 규정하고 있다. 당원이 되려는 사람들은 김일성·김정일 혁명역사에 대해 의심 없이 열심히 학습하고 따르는 인물이어야 함을 나타낸 말이다. 제2조에는 "조선로동당원으로는 조선 공민으로서 당과 혁명, 조국과 인민에게 무한히 충실하며 당의 강령을 신념으로 접수하고 당규약을 준수하려는 사람들이 될 수 있다"라고 규정하고 있다. 흔히 북한에서는 조선로동당과 인민의 관계를 복숭아 씨와 살에 비유한다. 복숭아의 씨가 조선로동당이고 살이 인민이라는 의미이다. 씨가 튼실해야 살이 건강하고 복스럽다. 조선로동당에 입당할 수 있는 나이는 18세다. 입당하려는 사람은 소년단(8~13세)과 김일성·김정일 청년동맹(14~30세)의 조직 생활 동안 하자가 없어야 한다. 여기서 '하자'라면 학습이나 생활총화에 성실하게 참여한 인물이어야 한다. 이뿐만 아니라 토대(출신 성분)가 나쁘지 않아야 한다. 재일교포 출신이거나 일제 때 친일했던 후손, 사상범의 후예 등은 당원이 되기가 매우 까다롭다.

한 재일교포 후손은 본인의 흠결에도 불구하고 당원이 될 수 있었다고 한다.[1] 이유는 두 가지로 요약된다. 첫째, 속도전 돌격대 10년 동안 매우 열심히 인민대학습당 건설현장, 철도건설, 광복거리 건설현장 등에서 남다른 성실성을 인정받아 당원 추천을 받을 수 있는 기본 요건을 갖출 수 있었다. 둘째는 김정일의 '광폭정치'의 혜택을 보았기에 가능했다. 광폭정치는 1993년 1월 28일 당 기관지인 『로동신문』에 처음

---

1 탈북민 C씨 인터뷰.

으로 사용되었다. "인민을 위한 정치는 그릇이 커야 한다면서 계급적 토대나 성분이 좋지 않은 '복잡한 군중'도 차별 없이 포용하는 정치를 실시하고 있다"고 주장한 데 따른 명칭이었다. 이러한 기회를 포착해 당원이 될 수 있었던 사람은 극소수에 지나지 않았다고 한다. 이후에도 '광폭정치'는 김정은 시대에도 강조하고 있으나(2012.2.29.), 현실에서 얼마만큼 실현되고 있는지는 확인하기 어렵다.

<그림 6-1> 조선로동당원증

출처: 《머니 투데이》(2008.9.4.)

조선로동당원의 추천과 절차는 규약 3조에 규정되어 있다. 여기에는 몇 단계 절차가 있다. 조선로동당원에 추천될 수 있는 기본 조건은 후보 기간을 마친 후보당원으로 제한하고 있다. 후보 기간은 과거에는

1년이었으나, 최근에는 2년으로 늘어났다. 후보당원은 당원과 함께 생활할 수 있으나, 결정권이 주어지지 않는다는 차이가 있다. 입당 심의 절차를 단계별로 살펴보면 다음과 같다. 1) 입당하려는 사람은 입당청원서와 2인의 입당보증서를 당세포에게 제출해야 한다. 입당보증서 받기가 쉽지 않다. 왜냐하면 입당보증서를 써 준 사람에게 문제가 발생할 경우 입당 보증한 본인에게도 피해가 갈 수 있기 때문이다. 남한사회에서 은행이나 기타 채권 관련 보증을 잘 서주지 않는 것과 같은 이치이다. 더구나 입당 보증인의 경우 3년 이상의 당원 생활을 경험해야 한다는 조건이 걸려 있다. 2) 입당문제는 개별적으로 심의한다. 당세포 총회에서 심의하고 시·군당위원회의 비준을 받아야 한다. 기간은 1개월 이내에 심의를 완료한다. 입당청원서를 제출할 때 청년동맹 등의 조직생활 평가자료를 함께 제출하고 정치 수준 정도를 검열받는다. 정치 수준은 당원규약, 김일성 및 김정일 혁명역사 등과 관련하여 막힘없이 응답할 수 있도록 면접 전에 많이 학습한다. 3) 당원 심의는 원칙적으로 본인이 속해 있는 당세포 초급당에서 진행하고, 본인이 속해 있는 청년동맹, 농업근로자동맹, 조선직업동맹 등 근로단체로부터 추천을 받는 형식으로 진행한다. 4) 입당한 날은 당세포 총회에서 결정한 날이며, 당원증을 받을 때 입당선서를 한다. 당원들은 입당한 날짜를 모두 기억하고 있으며, 입당선서 내용은 생을 마감하는 날까지 기억한다고 한다. 그만큼 개인에게는 뜻깊은 날로 인식하기 때문이다.

2. 조선로동당 조직 이해

북한의 조선로동당은 북한 권력의 중추로써 정치, 경제, 사회, 문화 등의 모든 영역을 장악해 오고 있다. 조선로동당은 주체사상을 지도이념으로 삼고 있는 북한의 집권당이다. 또한 조선로동당은 "근로인민대중의 모든 정치조직들 가운데 가장 높은 형태의 정치조직이며 정치, 경제, 군사, 문화를 비롯한 모든 분야를 통일적으로 이끌어나가는 령도적 조직, 혁명적 참모부이며 조선 인민의 모든 승리의 조직자, 향도자"라고 규약 전문에 밝히고 있다.

따라서 북한의 노동당원의 일상을 올바로 이해하기 위한 전제로써 그가 속해 있는 조선로동당원의 조직을 살펴보는 것은 당연하다고 할 수 있다. 여기서는 노동당원의 규모와 체계를 살펴보도록 하자.

1) 조선로동당원 수

조선로동당원의 수는 점차 확대해 나온 경향이 있다. 북한 정치권력의 핵심 지지층 확대를 위한 필요한 조치이다. 당원은 북한 정권과 운명을 같이할 수 있는 핵심 중의 핵심이라고 해도 과언이 아니기 때문이다. 조선로동당원은 해방 직후에는 노동자·농민 등 혁명세력이 중심이었으나, 점차 시간이 흐름에 따라 과거 조국의 광복과 보위에 공을 세웠던 후손 그리고 군대나 청년동맹 조직 등에서 뚜렷한 성과를 이뤄낸 청년들이 주로 입당하고 있다.

〈표 6-1〉 조선로동당원 수

대회	개최 일자	당원 수 (명)	인구 대비 (%)	참가대표 수 (명)	비고
1차	1946.8.28.~30.	336,000	4	881	- 북조선공산당과 신민당 합당 문제 - 북조선로동당 강령 및 규약
2차	1948.3.27.~30.	758,000	8.4	899	- 북조선로동당 규약 개정
3차	1956.4.23.~29.	1,164,945	10	916	- 평화통일선언 채택
4차	1961.9.11.~18.	1,311,563	17.5	1,657	- 경제발전 7개년 계획 채택 - 평화통일선언 채택
5차	1970.11.2.~13.	1,600,000	11.4	1,734	- 경제발전 6개년 채택
6차	1980.10.10.~14.	3,000,000	12.2	3,220	- 김정일의 공식 등장 - 고려민주연방공화국 창립 방안 제시
7차	2016.5.6.~9.	3,467,000	13	3,467	- 당 규약 개정 - 김정은 국무위원장 추대
8차	2021.1.5.~12.	4,500,000	17.7	5,000	- 당 규약 개정 - 김정은 당총비서 추대, 자력갱생 강조

출처: 1~6차는 통일부, "역대 북한 노동당대회 현황"; 7차는 조정훈, "양복 입은 김정은…전체 인구 약 13%가 당원", 『통일뉴스』 (2016.5.7.); 8차는 김갑식, "북한의 제8차 조선로동당대회 소집과 새로운 길 시즌 2", 통일연구원 『Online Series』 20-21 (2020.8.21.) 참조하여 필자 재구성

    1980년 제6차 당대회 이후에는 당원 수를 공개하지 않은 추세였다. 1980년 제6차 당대회 때는 당대회 참가 대표비율이 1,000명당 1명이어서 당시 결의권 대표자 3,062명과 발언권 대표자 158명이 참가했었다. 북한의 조선로동당원 수가 약 300만 명을 조금 넘을 것으로 추산한 근거였다. 7차 당대회 때는 결의권 대표자가 3,467명, 발언권 대

표자가 200명 참가했으므로 전체 당원 수는 340만을 조금 초과한 수치를 보였다. 그런데 이번 8차 당대회를 앞두고 2020년 8월 제7기 제6차 당 중앙위원회 전원회의에서 "제8차 대회 대표자 선출비율은 당원 1,300명당 결의권 대표자 1명, 후보당원 1,300명당 발언권 대표자 1명으로 한다"고 발표했다. 이를 근거로 조선로동당 8차 대회에서 5,000명의 대표자를 선출하였으니 당원은 450만 명에 이를 것으로 추산해 볼 수 있다.

한국은행에 따르면 2021년 현재 북한 전체 인구가 약 2,548만여 명이므로 전체 당원 수가 450만 명은 인구의 약 17.7%를 차지하고 있다. 북한 노동당원 수는 지난 70년 동안 약 15배로 늘어났으며, 인구 대비 약 4배 이상 확대되었다. 6차 당대회 이후만 보더라도 약 50% 이상 당원의 수가 증가하였다. 이는 김정은 집권 10주년을 지나면서 김정은 정권의 지지층을 확대해 온 노력의 결과로 해석될 수 있다.

이같이 북한이 당원 수를 공개하고 경제 부문에서 큰 성과가 없었음을 자인하는 의도는 앞으로의 어려움을 당 중심으로 극복해 나갈 수 있음에 대한 자신감의 표출이고, 북한 주민들의 자력갱생 의지를 한층 고조시켜 나가려는 의지로 읽힌다. 한편, 김정은 시대의 이러한 공개적이고 공세적인 당 운영과 대내외적 정책은 김일성·김정일 시대와는 대비된다. 김일성 시대는 '완충기', 김정일 시대의 '고난의 행군' 구호를 내걸고 수세적 돌파전략을 전개하였다. 김정은은 2020년 이후 '격난의 시대'로 규정하고 당을 중심으로 체제를 결속하고 정책을 집행하면서 대내외적 어려움을 극복하기 위한 '정면돌파전'을 전개하고 있다.

2) 조선로동당 조직체계

조선로동당은 한마디로 북한 주민과 체제를 지도하고 운영하는 기관이다. 2021년에 개정한 북한 헌법 제7장에서 '당과 인민정권'과의 관계를 규정하고 있다. 특히 제53조에서는 당의 위상과 기능을 규정하고 있다. 당이 최고의 위치에서 '령도체계'를 유지하고, 당의 노선과 정책을 관철하고, 사회주의 건설을 지도해 나간다는 게 북한의 논리이다.

〈표 6-2〉 2021년 당규약에서 밝힌 당과 국가의 관계

제53조 인민정권은 사회주의 위업, 주체혁명위업 수행의 강력한 정치적 무기이며 당과 인민대중을 련결시키는 가장 포괄적인 인전대이며 당의 로선과 정책의 집행자이다. 인민정권은 당의 령도 밑에 활동한다.

북한 권력의 핵을 구축하고 있는 조선로동당은 중앙당, 도당, 시 · 군당으로 크게 세 개로 나누어 볼 수 있다. 당의 중앙 조직에는 당의 최고지도기관인 당대회가 있다. 당대회는 당 중앙위원회 사업의 총화뿐만 아니라 당의 '총비서'를 선거한다. 총비서는 당의 수반이자 전당을 조직하고 영도하는 역할을 부여받고 있다. 김정은 이전의 시기에는 당대회를 5년 주기로 개최한다고 당규약에 제시되어 있었으나, 7차 당대회는 6차 당대회 이후 36년 만에 개최하였다. 2021년 규약 22조에서도 5년에 한 번씩 당 중앙위원회가 소집되며, 소집 발표는 수개월 전에 한다고 되어 있다.

북한의 노동당대회가 제때 열리지 못했다는 것은 북한 사회주의 체제가 그동안 정상적으로 작동되지 못했음을 보여주는 하나의 증표로

평가할 수 있다. 왜냐하면 당대회는 '당의 최고지도기관'으로 사업을 총화하는 등의 주요 기능을 담당하는 조직인데, 여러 가지 지표에서 공개하기 곤란할 정도로 실패한 사업들이 많았음을 반증하기 때문이다.

<그림 6-2> 조선로동당 조직도

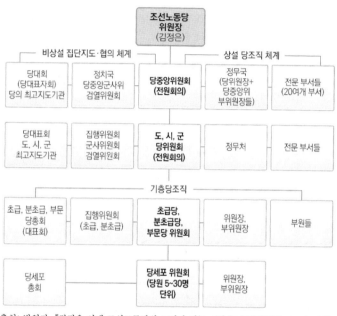

출처: 박영자, 『김정은 시대 조선로동당의 조직과 기능』 (서울: 통일연구원, 2017), 63쪽.

당 규약 25조에서 32조까지는 당중앙위원회에 관해 규정하고 있다. 당 중앙위원회는 "당대회와 당대회 사이에서 당의 모든 사업을 조직지도"가 핵심 기능이다. 이에 못지않게 중요한 기능으로 1년에 한 번 이상 소집되며, 정치국과 정치국 상무위원회를 선거한다. 아울러 당 중앙위원회 제1비서, 비서들 선거, 비서국을 조직하며 당 중앙군사위원회와 당 중앙검사위원회를 선거한다. 즉 북한 권력의 핵심 중에서도 핵심인 정치국과 비서국을 탄생시키는 모태 역할을 당 중앙위원회가 맡고 있다. 특히 정치국은 전원회의와 전원회의 사이에 당 중앙위원회의 이름으로 당의 모든 사업을 조직지도하는 역할을 수행하고 있다. 현재 (2021년 9월) 당 정치국 상무위원들은 김정은(당 총비서, 국무위원장, 당 중앙군사위원장), **최룡해**(최고인민회의 상임위원장, 국무위원회 제1부위원장), **박정천**(인민군 총참모장, 당 중앙군사위원, 인민군 차수), **김덕훈**(내각 총리), **조용원**(당 중앙위원 비서, 당 조직지도부 제1부부장, 당 중앙군사위원) 등이다. 당·군·정의 최고 실세들이 모두 망라되어 있는 정치국 상무위원이다.

북한 조선로동당의 지방당 조직인 도, 시, 군에도 각 조직들이 구성되어 있다. 각급별 당대표회의는 당의 도, 시, 군의 최고 지도기관이다. 지방당의 대표회의는 5년에 한 번씩 당 중앙위원회의 지시에 따라 도, 시, 군당위원회가 소집된다. 당 대표회의의 기능은 당 위원회 사업총화, 당 위원회 선거, 중앙당 대회 및 당 대표자회의, 상급당 대표회의에 보낼 대표자 선출 등이다. 도 당위원회 전원회의는 넉 달에 한 번 이상, 시·군 당위원회는 전원회의를 석 달에 한 번 이상 소집한다. 도 당위원회는 중앙당과 시·군 당위원회를 중간 연결하는 것이 주요 역할 가운데 하나이다.

조선로동당의 당규 제5장에 의하면 기층조직은 초급당, 분초급당, 당세포가 있다. 당원이 61명 이상 단위에는 초급당, 31~60명까지는 분초급당, 그리고 5명에서 30명까지는 당세포를 조직하도록 되어 있다. 당세포는 당원들의 당 생활의 거점이며 말단 기층조직이다. 당과 대중을 이어주는 기본단위로써 당의 노선과 정책을 인민들에게 직접 설명하고 관철하는 역할이 핵심이다. 초급당은 당원들이 망라되어 있는 정치조직 생활을 하는 당의 기층조직이며, 당의 노선과 정책을 집행해 가는 기본전투단위이다. 당세포 총회는 한 달에 한 번 이상 열고, 초급당과 분초급당 총회는 석 달에 한 번 이상 열린다.

3. 조선로동당과 주민과의 관계

북한의 당 규약 제7장은 당과 인민정권과의 관계를 규정해 놓고 있다. 핵심 내용은 "인민정권은 당의 령도 밑에 활동한다"는 것이고, "당과 인민대중을 련결시키는 가장 포괄적인 인전대이며 당의 노선과 정책의 집행자이다"고 관계를 설명하고 있다. 즉 당이 인민대중을 지도하고, 인민정권은 당의 노선이나 정책을 인민에게 집행하는 역할을 한다는 뜻이다.

〈표 6-3〉 인전대 뜻

인전대란, 노동당과 북한 지도자에 대한 대중의 충성심을 확보하고 노동당의 정책수행에 대중을 동원하는 데 사용하는 정치적 도구이다. 북한노동당의 인전대에 해당하는 사회정치단체들은 2개 부류가 있다. 한 부류는 연령 및 성별을 기준으로 조직된 단체이고 다른 부류는 직업의 종류를 기준으로 조직된 단체이다. 첫째 부류에 속하는 주요 단체로는 조선소년단(소년단), 김일성사회주의청년동맹(사로청), 조선민주여성동맹(여맹) 등이 있고, 둘째 부류에 속하는 주요 단체로는 조선직업총동맹(직맹), 조선농업근로자동맹(농근맹), 문화예술총동맹(문예총) 등이 있다.

출처: 한국민족문화대백과사전, 2022년 8월 13일 검색

조선로동당은 전체 북한 인민의 삶의 질을 결정하는 기관이다. 나아가 삶과 죽음을 결정한다고 해도 과언이 아닐 정도로 주민 생활에 큰 영향력을 행사하고 있다. 1990년대 고난의 행군 이후 당이 주민들의 삶을 책임져 주지 못하므로 생명을 유지하기 위해서 각 개인들은 경제활동을 스스로 알아서 행하지 않으면 안 된다. 이 과정에서 관료들은 자신들의 지위를 활용해서 주민들의 편의를 봐주고 대신 뇌물을 대가로 받거나 편의 제공을 받는 조건으로 주민들은 복종을 강요받게 되는 경우가 흔하게 되었다. 심지어 국가안전보위성(남한의 국가정보원), 사회안전성(남한의 경찰청)의 근무자들조차도 월급으로는 생활하기가 빠듯하므로 비리와 부조리가 생겨날 수밖에 없다.

〈그림 6-3〉 조선로동당 기의 의미

〈그림 6-3〉은 조선로동당의 로고이다. 여기서 망치는 노동자를 뜻하고 낫은 농민, 그리고 붓은 지식인을 뜻한다. 따라서 조선로동당은 노동자, 농민, 지식인의 결합체라는 의미이다.

4. 조선로동당 당원의 하루 생활

북한의 모든 당원들이 하루의 일과를 같은 모습으로 보내는 것은 아니다. 직급마다, 사업단위에 따라 생활의 차이가 있음은 불문가지이다.

여기서는 북한 조선로동당원들의 보편적인 일상을 살펴보기로 한다.

　모든 북한의 당원들은 '당생활'이란 것을 해야 한다. 이를테면 젊은 당원들이 일찍 출근해 '정성사업'을 하게 된다. 정성사업은 사무실에 걸려 있는 김일성, 김정일 초상화를 깨끗하게 닦는 일을 말한다. 또한 김일성 · 김정일 · 김정일의 생모인 김정숙의 초상화나 동상 등을 북한에서는 '1호 작품'이라고 하는데 정성을 다해 관리해야 한다. 후에 출근하는 다른 당원들은 초상화를 향해 정중하게 인사하고 하루를 시작한다. 자칫 관리를 소홀히 하거나 청소를 게을리하다가는 불이익을 받게 된다.

　부서원들이 모두 출근하면 '독보회'를 실시한다. 북한의 모든 직장과 학생들처럼 당원들 역시 로동신문이나 당에서 내려보낸 문건을 함께 읽고 토론한다. 로동신문은 김정은 위원장 관련 기사나 김일성, 김정일의 위대성을 찬양하는 글들이 주로 토론 주제에 오른다. 독보회를 마치면 하루 일과가 본격적으로 시작된다.

　당원들은 자신의 고유 업무 이외에 소속 부서가 공동으로 추진하는 '행정과업'을 수행해야 한다. 예를 들면 학교 건물을 개보수하는 일을 맡았다면 모든 수단과 방법을 가리지 않고 사람과 물자를 동원해서 완수해야 한다. 전화를 부여잡고 필요한 곳에 부탁도 하고, 설득도 하면서 업무를 마무리해야 한다. 이러한 내용은 2003년에 제작된 북한영화 〈두 제자〉에도 등장하는 내용이다. 영화는 주인공이 자신의 모교 개보수 공사를 맡아서 지역사회에 보탬이 되도록 헌신적으로 완수해 내는 모습을 보여주는 내용이 핵심이다. 그러나 그 과정에서 다른 제자는 편법과 자신의 아들을 비롯한 가족의 이익을 위해 노력하는 모습을 보여

주기도 한다. 결국 모범적인 주인공의 뜻대로 과업을 완수해 내고 영화
는 해피엔딩으로 마무리된다. 문제의 당원은 반성하고 새 인물로 재탄생
한다는 영화다. 이러한 행정과업은 곳곳에서 진행되기도 한다. 모내기 철
에는 농촌 일손돕기에도 열과 성을 다해 성과를 내지 않으면 안 된다.

〈표 6-4〉 농업 부문 한 노동당원의 일상

시 간	주요 내용	일요일
05:00~06:00	- 기상(1~3월은 1시간 정도 늦음)	
05:30~06:00	- 조기작업	
06:00~07:00	- 조기작업	
07:00~08:00	- 아침 식사, 출근	
08:00~08:30	- 독보회	※ 원칙적으로는 휴식
08:30~12:00	- 오전 작업(분조 단위로 작업 진행)	
12:00~13:00	- 점심시간(집 또는 집체도시락)	
13:00~19:00	- 오후 작업(마치는 시간은 일정하지 않고 농번기에는 1~3시간 더 일함)	
19:00~	- 저녁 총화 및 귀가	

위의 표는 시골의 농업 분야를 담당했던 어느 한 당원의 일과를 그
의 기억에 따라 재구성해 보았다. 그는 농번기에는 새벽 5시가 조금 넘
어서 조기 작업을 진행했었다고 기억했다. 이러한 조기 작업은 농한기
에는 뜸하지만 농번기에는 예외없이 거의 매일 진행되었다고 말했다.
농촌 시골의 당원은 실제로 중앙당의 고위직과는 달리 어렵고 힘든 당
원 생활을 하고 있는 것이다.

북한의 노동당원의 주말은 여느 주민들과 마찬가지로 오전에는 일
하고, 오후에는 생활총화를 실시한다. 생활총화에서는 먼저 자신을 비
판하는 '자아비판'을 실행한 다음 다른 사람을 비판하는 '상호비판'으

로 진행된다. 이러한 생활총화를 잘 하는지가 당원의 당 생활 평가에 매우 큰 비중을 차지한다. 따라서 당원들은 당 생활총화에 열성으로 참여하는 모습을 보여주고 있다. 당위원회 간부들은 매주 수요일에 진행되는 학습 강연과 충성의 노래모임에도 참석해야 한다. 이러한 당 생활을 두고 남한의 독실한 기독교 신자의 생활에 비유하기도 한다. 새벽기도, 수요 예배, 그리고 주말 예배 등으로 쉴 틈 없이 생활하는 모습이 닮았다는 것이다.

5. 조선로동당원의 휴일과 여가

북한 노동당원들은 일반 노동자들처럼 주말에도 휴식을 취하지 못한다. 남한도 토요일을 휴일과 같이 온전하게 쉬게 된 때는 그리 오래되지 않았다. 주말을 휴일로 정하는 문제는 노동 시간 단축과 깊이 관련되어 있다. 노동 시간 단축 문제는 근로기준법에 명시되어야 하기 때문이다. 남한은 한국전쟁 이후 주 48시간을 채택했다. 그러니까 토요일 오후 시간 없이 완전히 근무해야 했다. 1989년 주 44시간으로 줄이고 2000년 김대중 정부에서 주 40시간 5일제 도입을 공식화했다. 찬반 대립도 거세게 일었었다. 노동자의 건강과 안전을 위해 노동 시간을 줄여야 한다는 논리와 경영 타격을 우려하는 재계의 논리가 팽팽하게 맞섰다. 7여 년에 걸쳐 점차 단계적으로 적용 범위를 넓혀 나왔다. 2004년 금융과 공공 부문과 1,000명 이상의 사업체에서 시범적으로 토요 휴무제를 실시하여 이듬해에는 학교에서 매월 마지막 주를 휴일로 하는 이른바 '놀토'를 도입하였다. 2011년까지 2, 4주 격주 휴무를 하였고, 2012년부터 토요일을 휴일로 실행해 왔다.

북한의 토요일은 근무 날이다. 오전에는 평일과 같이 근무하고 오후에는 생활총화에 참석해야 한다. 북한은 주당 근무 시간은 48시간이다. 북한의 이러한 규정은 1946년 6월 「북조선로동자 및 사무원에 대한 로동법령」에 근원을 두고 있다. 이후 북한은 1978년 「사회주의로동법」을 제정하였고, 1986년, 1999년, 2015년 세 번의 개정이 뒤따랐다. 그러나 주당 48시간은 변함없이 유지해 오고 있다. 2015년에는 여성의 경우 산전 60일, 산후 90일의 휴가 규정을 산전 60일, 산후 180일로 개정한 것이 눈에 띄는 부분이다.

북한 당원들에게 일요일과 공휴일은 원칙적으로 쉬는 날이다. 쉴 때는 각종 오락을 하면서 시간을 보내곤 한다. 주패놀이, 장기놀이, 낚시, 천엽, 생활체육 등을 하면서 즐긴다.

〈그림 6-4〉 북한의 노인들이 공원에서 주패놀이 하는 모습

출처: 《민족통신》 (2015.5.31.)

농촌의 당원들은 취미활동보다는 가계 노동을 주로 하면서 휴일을 보낸다. 자신의 집 근처의 텃밭을 가꾸는 일에 시간을 할애하기도 한다. 심지어 출근하여 자신이 담당하는 지역의 들녘을 둘러보기도 하고, 미진한 작업을 마무리하기도 했다. 한 농촌 지역 노동당원은 20%도 놀지 못하고 출근해서 근무했다고 북한에서의 생활을 회상하기도 하였다.

북한의 노동당원이 토요일을 쉬는 날로 보낼 수 있는 날은 머지않은 미래에 실현되기는 가능성이 낮아 보인다. 북한의 농촌 협동농장이나 도시의 공장과 기업소가 기본적으로 노동력을 집중 투입하여 생산성을 높이려는 전략을 구사하고 있기 때문이다. 그 사회가 노동 시간을 줄이려는 시도는 노동 인력의 투입보다 자동화 시스템을 도입하려는 움직임이 있을 때 비로소 가능해진다. 그다음에 노동법 개정 등으로 제도적 뒷받침이 되면서 주당 44시간, 40시간으로 줄어들게 될 것이다. 당원들의 휴일과 여가를 비롯한 일상생활에도 많은 변화가 뒤따를 것이다. 그러나 북한의 산업구조 변화는 짧은 기간 안에 현실화하기에는 여러 여건이 간단하지 않아 보인다. 그만큼 북한의 노동당원의 주당 노동 시간은 줄어들기 어려울 것으로 전망한다.

6. 조선로동당원의 퇴직 이후 생활

북한의 노동당원의 일상은 다양하다. 당원들의 노후 생활 모습은 도시냐, 농촌이냐에 따라서도 다르고, 중앙이냐 지방에 소속되어 있느냐에 따라서도 차이가 크다고 할 수 있다. 당원이라도 재직 시에 부를 쌓아둔 사람과 그렇지 않은 경우도 다를 수 있다. 그러므로 당원은 자기가 맡은 바 권력과 지위를 활용하여 남은 일생을 행복하게 살아가기 위해 열심히 노력한다.

당원들도 일반 직장인들과 마찬가지로 남성은 60세, 여성은 55세에 퇴직을 하게 된다. 퇴직하고 나면 국가로부터 지원 받는 혜택은 일반 당원의 경우는 1개월에 식량 300g이 전부이다. 공로를 인정받아 특별한 당원들도 1개월에 600g 지급 받는 것에 지나지 않는다. 이 정도의 식량으로는 하루도 배불리 먹을 수 없는 양에 지나지 않는다. 그래서 자녀들의 봉양을 받든지 아니면 시장에서 장사를 하든지 살아내기 위해서는 특별한 노력을 기울여 나가야만 한다.

한 신문에 따르면 "연로보장비"는 직위에 따라 다르게 지급되는데 보통 매달 노동 관련은 1,000원 정도, 박사급은 7,000원까지도 받는 것으로 알려졌지만 제대로 지급되지 않아 대부분 간부들은 "이제는 기대도 하지 않는다"고 전하기도 한다. 따라서 생활을 위해 은퇴한 노동당원들도 시장에서 구두수선이나 우산수리도 마다하지 않는다고 한다.[2]

당원으로 퇴직하면 토요일에 진행되던 생활총화에는 참석하지 않아도 된다. 그러나 당비는 납부해야 당원 신분을 유지할 수 있다. 당비를 납부할 수 없는 경우에는 탈당을 요구할 수도 있으나 그런 경우는 흔하지 않다. 다만 몸이 불편하거나 특별한 사정이 있는 경우에는 정상을 참작해 탈당함으로써 당비 납부를 면제받을 수 있다.

---

2 김지은, "북 중앙기관 은퇴 간부들도 생계난 직면," 《rfa》 (2021.11.3.).

당원들이 퇴직하여 일상생활이 불안정하다면 당원으로 근무할 동안 무리수를 쓰더라도 재산을 모으려는 일탈이 자행될 가능성이 높아지는 것은 당연하다고 할 수 있다. 북한 당원들의 부패는 뇌물은 기본이고 착취와 도적질, 돈세탁, 차액 착복, 외부 지원품 유용 등 우리가 상상할 수 있는 거의 모든 부패 종류가 존재한다.[3] 북한은 부패가 일상화 · 구조화된 사회라고 할 수 있다. 미래 노후 생활의 불안정은 북한식 부패의 사회적 현상이 자리 잡을 수 있는 배경이 될 수 있다.

현직에 있을 때 각종 이권에 개입해 주민들의 편의를 봐 주거나 알선 등으로 일생을 평안하게 살고자 하는 관리의 모습은 동서고금을 막론하고 존재해 왔기에 북한도 예외일 수 없다. 남한사회에서도 공무원의 월급이 다른 업종에 비해 상대적으로 낮았을 때 부패가 심했었다. 노후의 삶이 어느 정도 안정적인 삶이 예측된다면 굳이 부패나 불의를 자행하면서까지 자신의 지위를 악용하지는 않을 것이다. 북한사회가 사회주의체제로 "전체는 하나를 위하여 하나는 전체를 위하여"라는 집체주의 구호를 강조하지만, 가난과 배고픔 앞에서는 자신의 이익을 앞세우는 모습은 어렵지 않게 관찰된다.

---

3 박형중 외,『북한 부패의 실태와 반부패 전략』(서울: 통일연구원, 2012), 7쪽.

| 참고문헌

박영자.『김정은 시대 조선로동당의 조직과 기능』. 서울: 통일연구원, 2017.

박형중 외.『북한 부패의 실태와 반부패 전략』. 서울: 통일연구원, 2012.

김갑식. "북한의 제8차 조선로동당대회 소집과 새로운 길 시즌 2." 통일연구원
　　　『Online Series』. 20-21. (2020.8.21.).

김지은. "북 중앙기관 은퇴 간부들도 생계난 직면."《rfa》(2021.11.3.).

조정훈. "양복 입은 김정은…전체인구 약 13%가 당원."《통일뉴스》(2016.5.7.).

http://encykorea.aks.ac.kr/Contents/Item/E0066692 (검색일: 2022.8.13.).

제7장

북한 의사들의
일상생활

남한의 고3 이과 수험생들이 대학 진학할 때 가장 선호하는 학과는 '의과대학'이다. 우수한 이과생들은 전국의 모든 의과대학 정원을 채우고 서울대의 공대를 지원한다고 한다. 남한사회의 미래를 생각할 때 바람직하지 않은 현상이라 할 수 있다. 21세기 4차 산업혁명 시대가 전개되는 문명사적 흐름을 생각할 때 뛰어난 인재들이 과학기술 분야에 뛰어들어야 하는데, 자신의 안정적인 생활과 윤택한 삶을 지향하는 듯한 시대적인 흐름으로 느껴져서 국가의 장래 차원에서는 유쾌한 소식은 아닌 듯하다. 물론 개인의 선택은 존중되어야 함은 불문가지이다.

북한도 정도의 차이는 있지만 '의학대학'이 인기가 매우 높다. 북한의 고급중학교를 졸업하는 수험생들은 평양에 있는 공대를 가장 선호하고, 그다음으로 의학대학을 지원한다고 다수의 탈북민이 전해 주었다. 북한에서는 의사들도 일반 노동자처럼 같은 급여와 배급을 보장받는다. 그럼에도 불구하고 인기가 높은 이유는 아픈 환자들을 치료할 수 있어서 자긍심이 매우 높기 때문이다. 특히 여학생들에게는 더욱 인기가 높다.

북한에서는 의사가 되는 길도 다양하다. 의학대학을 졸업해 의사의 길로 나아가는 방법이 있고, 의학전문학교를 졸업하고 의사가 되는 방법도 있다. 다만 전자는 북한에서 '상등보건일군'이라 하여 5~7년 과정을 수학해 임상의사, 고려의사(한의사), 구강의사(치과의사), 위생의사 등으로 활동하게 된다. 반면 후자는 3~4년을 공부해서 호방문 의사(지역 담당 주치의), 도급 병원에 배치받아 상등보건일군의 보조 역할을 하는 등의 임무를 수행한다.

북한 의사들의 양성과정과 일상, 북한 보건의료체계의 이해 등은 통일한국의 보건의료 통합에 매우 중요한 요소이다. 북한 보건의료 면허를 어느 정도 인정할 것인가? 북한의 의사들은 약 8만여 명에 달하는 것으로 알려져 있다. 남북한 통일과정에서 이들 의사와 남한 의사들과의 의료기술적 격차를 어떻게 정리하고, 이들의 면허를 어느 정도까지 인정해 줄 것인지는 사회적 문제로 대두될 수 있다.

북한 의사들은 어떻게 양성되고, 북한 의료체계는 어떻게 구성되어 있는지, 의료인들의 휴일과 휴가는 어떻게 보내고 있는지, 그리고 이들의 노후는 어떤 삶을 살아가는지 등을 살펴보기로 한다.

1. 북한에서 의사는 어떻게 양성되는가?

북한은 반제반봉건을 기치로 내세우면서 1948년 9월 정부를 수립하였다. 일본 제국주의 흔적을 지우고 사회변화의 중심 역할을 노동자와 농민들이 맡아야 한다는 점을 강조하였다. 친일 부역자 청산과 '민주화' 조치를 단행하였다. 이를 위해 1946년 3월 북조선임시인민위원회는 '친일파, 민족반역자에 대한 규정'과 '북조선토지개혁에 대한 법령'을 제정하였다. 특히 민주화 조치의 가장 핵심은 주요 산업의 국유화와 토지개혁이었다. 국유화는 항만 · 철도 · 은행 등을 국유화하고, 토지개혁으로는 무상몰수와 무상분배를 실시해 노동자와 농민이 국가운영 주체로 등장할 수 있는 기초를 마련하였다. 조선로동당의 깃발에도 지식인을 상징하는 붓과 함께 노동자를 상징하는 망치와 농민을 상징하는 낫이 그려져 있는 이유이다.

그러나 실제 북한 주민들의 삶 속에서는 봉건적 요소가 살아서 꿈틀거린다. 북한에서 국가안전보위성, 사회안전성의 자녀들은 이른바 '부모 찬스'를 사용해 부모의 뒤를 이어 같은 직장에 들어가는 것이 흔히 일어난다. 의사도 마찬가지다. 부모가 의사이면 자녀들은 과외를 받고 맞춤형으로 공부할 수 있는 여건을 만들어 줌으로써 의학대학에 입학하기가 상대적으로 쉬워진다. 따라서 오늘날 북한사회에서는 어떤 부모를 두느냐에 따라 자녀들의 인생이 좌우되는 봉건제적 삶의 유형이 강하게 나타나는 현상을 볼 수 있다. 부모의 직업에 따라 자녀의 직업이 이어달리기식으로 그냥 이루어지지는 않지만 다른 학생들보다 입학과정에 훨씬 유리한 것만은 부정할 수 없다. 다만 의사가 되려는 학생들은 절차적인 입시를 거쳐야 함은 당연하다. 입학은 물론 의학대학에서 수련과정을 거쳐야 한다.

북한의 의학대학뿐만 아니라 일반적인 대학을 진학하고자 하는 학생들은 남한의 수학능력 시험에 해당하는 '정무원 국가고시'를 치러야 한다. 보통 10월 말에 진행된다. 대학입학자격인 셈이다. 전국의 모든 고급중학교 졸업반 학생들은 동시에 시험을 보게 된다. 시험 과목은 혁명역사, 문학, 수학, 화학, 물리, 영어 등 6과목을 하루에 3과목씩 이틀에 나누어 시험을 본다. 시간당 시험 시간은 45분이다. 이 예비시험을 통해 추천받는 학생 수는 약 20% 정도이다. 이들 가운데 아주 우수한 학생들이 의학대학에 진학하게 된다. 의학대학에 원서를 쓸 수 있는 학생은 이미 정해져 있다고 한다. 고급중학교 졸업반에서 모의시험을 몇차례 보면서 그 성적을 기반으로 최상위 학생들은 평양에 위치한 중앙대학 의학대학, 도청 소재지에 위치한 의학대학 등에 성적순으로 지원서를 제출한다.

남한의 본고사 격인 북한의 입학시험은 대학별로 추진한다. 의학대학도 마찬가지다. 입시서류에는 고급중학교 성적표, 대학진학시험점수, 그리고 추천서 등을 제출한다. 여기에서 합격한 학생들은 필기, 체력, 면접시험을 차례로 보게 된다. 필기시험은 사회, 국어, 외국어, 과학, 역사, 정치, 수학 등 7과목을 치러야 한다. 체력시험은 달리기, 넓이뛰기, 높이뛰기, 포환던지기 등 4종목을 테스트하게 된다. 달리기는 100m는 남학생과 여학생 모두에 해당되며, 오래달리기는 남학생의 경우는 1,500m, 여학생은 800m로 차이를 두고 있다. 과거 남한에서도 1980년대 학력고사 시절에 체력장이 입시에 포함되었으나, 수학능력시험으로 바뀌면서 사라졌다. 당시 남한 학생들의 체력장은 100m 달리기, 턱걸이(여학생들은 오래 매달리기), 윗몸일으키기, 오래달리기(남학생은 1,000m, 여학생은 800m), 넓이뛰기, 공 던지기 등 6개 종목을 테스트하였다. 남북한의 차이는 북한에 높이뛰기 종목이 있는 반면에 남한에는 존재하지 않는다는 점이다. 북한의 입학시험에서 면접도 잘 치러야 하는데 정치·사회적인 문제, 그리고 일반 상식 등을 주로 질문한다. 입학시험도 3일간 치르게 되는데 그 결과는 몇 개월 이후에 받게 된다.

북한에는 입학시험에 불합격하면 다시 한번 도전할 수 있는 재수의 기회는 주어지지 않는다. 남학생들은 군에 입대해야 하고 여학생들은 공장·기업소에 배치받게 된다. 따라서 패자부활전과 같은 재수생의 생활은 불가능한 사회구조이다. 대학에 굳이 진학하려면 군복무를 마치고 다시 도전하는 수밖에 없다. 군에서 모범적으로 생활하면서 대입을 준비하는 학생들도 많이 있다. 북한의 대학생들이 나이가 서른에 근접한 학생들이 많은 이유다. 의학대학에도 예외는 아니다. 군대에서 제대한 '제대군인'들이 의학대학에 많이 진학하는 편이다. 이들은 대학 내의 학생조직에서 연대장(총학생회장), 대대장(단과대학 학생회장) 등 간부를 맡기도 한다. 그러나 공장·기업소 등 직장으로 배치받았던 여학생들이 대학에 진학하는 경우는 거의 없다고 해도 과언이 아니다.

2. 북한의 의학대학 현황과 공부 내용

김정은 등장 이후 북한은 의무교육 체계 개편과 함께 고등교육 체계도 변화를 꾀하고 있다. 북한의 교육학제는 2012년 이전까지 11년 의무교육을 실시해 왔다. 유치원 높은반, 인민학교, 고등중학교 1-4-6제로 운영되었다. 그러나 2012년 9월 최고인민회의에서 12년제 의무교육을 채택하였다. 즉 1-5-6제로의 변화를 도모하였다. 초등학교 과정인 소학교 과정을 1년 연장함으로써 의무교육 기간도 1년 늘어났다. 이뿐만 아니라 고등교육 기관인 대학은 종합대학화, 일원화 정책을 추진하면서 각 지역의 거점 종합대학을 육성하는 방향으로 대학들의 통폐합을 추진하고 있다. 이러한 교육제도의 개선을 통해 '지식경제시대'에 부합하는 실천형, 창조형 인재를 육성하기 위한 조치라는 게 북한당국의 설명이다.[1]

최근 북한의 의학대학의 통폐합 현황을 살펴보면 다음과 같다. 기존의 평양의학대학이 김일성종합대학 평양의학대학으로, 신의주의학대학이 평북종합대학 의학대학으로, 강건사리원의학대학이 황북종합대학 강건의학대학으로, 함흥약학대학이 함흥화학공업종합대학 약학대

---

1 본사 기자, "경애하는 김정은 동지의 불후의 고전 로작 〈새 세기 교육혁명을 일으켜 우리나라를 교육의 나라, 인재강국으로 빛내이자〉가 제13차 전국교육일군대회 참가자들에게 전달되었다," 《로동신문》(2014.9.6.).

학으로, 사리원고려약학대학이 황북종합대학 고려약학대학으로, 각각 통폐합되었다.[2] 이 외에도 의학전문대학을 의학대학으로 편입을 추진하고 있는 것으로 보인다.

의학전문학교의 경우는 각 도에 1개 이상씩 설치되어 북한 전역에 11개가 설치되어 있는 것으로 알려져 있었다. 그러나 한 연구자가 북한의 학술잡지 『고등교육』을 2005년 1월부터 2017년 9월까지 분석한 바에 따르면, 4개의 전문의학교만 확인된다. 이는 당장 확인할 방법이 없으므로 향후에 지속적으로 검토해 나가야 할 과제로 남겨 두고자 한다. 이상의 논의들을 바탕으로 북한의 의학대학 현황을 정리해 보면 〈표 7-1〉과 같이 요약해 볼 수 있다.

〈표 7-1〉 북한의 의학대학 현황

구분	교육기관명	교육기관 통폐합 사항 및 비고
의학대학	강계의학대학	
	김일성종합대학 평양의학대학	구 평양의학대학에서 개편(2011)
	남포의학대학	
	원산의학대학	
	평북종합대학 의학대학	구 신의주의학대학에서 개편(2015)
	평성의학대학	
	청진의학대학	
	함흥의학대학	
	황북종합대학 강건의학대학	구 강건사리원의학대학에서 개편(2015)
	해주의학대학	
	혜산의학대학	

---

2 신희영, "『고등교육』에 나타난 북한의 의학교육 현황 분석," 『통일정책연구』, 제26 2호 (2017), 127-128쪽.

구분	교육기관명	교육기관 통폐합 사항 및 비고
의학 전문학교	강계의학전문학교	
	개성의학전문학교	
	신의주의학전문학교	평북종합대학 약학대학으로 통합 가능성'15
	원산의학전문학교	
의학 단과대학	평양외과대학	평양의료기술대학으로 전환 가능성 (2016)
	평양의료기술대학	
약학대학	황북종합대학 고려약학대학	구 사리원고려약학대학에서 개편 (2017)
	사리원약학대학	사리원고려약학대학의 기재 가능성 (2011)
	함흥화학공업종합대학 약학대학	구 함흥약학대학에서 개편(2016)

출처: 신희영, 「『고등교육』에 나타난 북한의 의학교육 현황 분석」, 『통일정책연구』, 제26권 2호, 2017, 129쪽.

북한의 의학대학에는 남한의 한의학에 해당되는 고려의학부(동의학부), 약학대학, 치과대학 등이 포함되어 있다. 남한의 경우는 한의과대학, 약학대학, 치과대학 등이 분류되어 있는 반면, 북한의 경우는 통합 운영되고 있다는 점에서 큰 차이가 있다.

북한 의료인력을 육성하는 과정은 남한의 그것과 많이 닮아 있다. 교육 기간은 예과 1년, 본과 6년으로 정해져 있었으나 최근에는 예과 1년, 본과 5년으로 운영되고 있다. 그러나 기본적으로 다른 게 북한은 '군진의학'이라 하여 6개월간 군복무를 하면서 각종 훈련과 사고에 대비한 경험을 쌓는다. 이를 바탕으로 졸업 이후에는 대위 자격을 부여한다. 북한의 의대 졸업생을 대상으로 군복무를 반년 동안만 하게 하는 제도는 상당히 특혜라고 할 수 있다. 과거 남한에서 1984년부터 1992

년까지 존재했던 석사장교 같은 제도를 떠올리게 한다. 특정한 분야의 전문가를 육성하기 위해 해당 분야의 석사학위 취득자를 대상으로 필기시험과 전방 입소체험 등 6개월의 훈련을 마치면 소위 장교로 제대하는 제도였다.

북한 의과대학 학생들은 기초과목, 전공과목 그리고 임상과목 등을 공부하면서 의사로서의 자질과 역량을 키워나간다. 여기서는 한 탈북민의 경험을 바탕으로 의과대학 학생의 수업 과목을 〈표 7-2〉와 같이 재구성해 보았다.

〈표 7-2〉 북한 의과대학 학생들의 수업 과목

---

1. 기초 과목

국어, 수학, 화학, 생화학, 물리, 물리교질, 외국어
인체해부학(골학 및 인대관절학, 조직학, 기생충학, 미생물학, 세포생물학, 분자생물학, 통계학)

2. 본과 전공 과목(1~3학년)

한방: 동의학기초, 동약(한약)기초, 침구학, 본초학, 처방학, 맥진법
양방: 생리학, 병태생리학, 해부학, 병리해부학, 내과학, 외과학총론, 산부인과, 소아과학, 병리해부학

3. 본과 임상 과목(4~6학년)

한방: 동의 내과(간계, 비계, 신계, 심계, 폐계), 동의소아과, 동의외과, 동의산부인과, 동의피부과, 동의안이비인후과, 동의정신과, 동의전염병학: 한방진단학(4학년)
양방: 순환기내과, 소화기내과, 호흡기내과, 흉부외과, 외상외과, 신경내과, 신경외과
비뇨기내과: 비뇨기외과, 약리학, 동위원소과, 물질대사과, 피부과, 산부인과, 소아과, 산부인과, 정신병학, 법의학
유전학, 면역학, 전염병학: 임상진단학(4학년)

출처: 탈북민 K씨 강의안

위와 같은 과목을 이수하면서 의학대학의 교육방법은 이론수업이 40% 정도를 차지하고 실습에 60% 정도의 비중을 두고 있다. 기본적인 졸업자격은 산모 출산 10회, 외국어 원서 번역, 군진의학 강의 및 실습, 졸업논문, 졸업시험 등을 모두 거쳐야 한다. 외국어 번역은 의학대학에 입학해 관련 전공서적을 졸업반 때까지 300쪽 이상 번역해야 한다. 군진의학은 시험 과목에는 포함되지 않지만 반드시 이수해야 졸업시험을 볼 수 있는 자격을 얻게 된다. 졸업시험은 남한과 같이 의사 국가고시를 보는 게 아니라 필답시험을 가지고 교수와 1:1 면담을 통해 확실히 알고 썼는지, 그렇지 않은지 평가를 받게 된다. 북한에서 의학대학을 졸업하고 남한의 의사국가고시를 본 적이 있는 한 의사는 남한에서는 국가고시가 중요하고, 북한에서는 면접시험이 중요하다고 평가했다.

3. 북한의 의사면허제도

북한에서는 보건의료인력을 '보건일군'이라 표현한다. 보건일군들은 주민들의 건강을 책임지고 있으므로 주민들이 사회주의 건설에 적극 참가할 수 있도록 돕는 '인간생명의 기사'이며 '영예로운 혁명가'로 존재 이유를 밝히고 있다. 이들 보건일군은 북한의 어떠한 고등교육 기관에서 얼마 동안의 수학 기간을 거쳤는가에 따라 보건일군들의 '급'이 달라지게 된다. 북한의 고등교육 체계 내에서의 의료인력들은 상등보건일군, 중등보건일군, 보조의료일군 등으로 나뉘고 이들은 각각의 교육기관에서 양성된다.

상등보건일군은 5~7년 동안의 의학대학 과정을 마쳐야 한다. 의학대학은 고등교육 기관으로 각 도에 1개씩 설립되어 있으며, 무사히 졸업시험을 통과해야 졸업이 가능하고 의사 면허가 주어진다. 여기에는 임상의사, 고려의사(한의사), 구강의사(치과의사), 약학대학 졸업자도 여기에 해당된다. 이들은 졸업 이후 주로 도급 이상의 3~4차 의료기관에서 근무하게 된다.

중등보건일군은 3~4년 동안 의학전문학교를 졸업한 학생들에게 주어지는 자격이다. 여기에는 준의, 보철사, 조산원 등이 해당되며 이들에게는 호담당의사나 직장담당제 의사 면허증을 부여한다. 이들은 2차 의료기관인 시/군 단위의 병원이나 도급 병원 의사들의 보조 역할을 담당하게 된다.

보조의료일군인 간호원은 도 단위에 설치된 2년제 간호원학교와 6개월 과정의 간호원양성소를 마치면 자격이 주어진다. 북한의 보건인력 양성체계는 다음의 〈표 7-3〉과 같이 체계적이고 종합적으로 정리할 수 있다.

〈표 7-3〉 북한의 보건인력 양성체계

구분	의료인 명칭	양성 교육기관	양성 기간
상등보건일군	의사	의학대학 일반임상학부	5년 6개월
		의학대학 전문반	7년
		의학대학 통신학부	6년
	고려의사	의학대학 고려의학부	5년 6개월
	구강의사	의학대학 구강학부	5년 6개월
	위생의사	의학대학 위생학부	5년

구분	의료인 명칭	양성 교육기관	양성 기간
상등보건일군	체육의사	의학대학 체육의학부	5년 6개월
	약제사	의학대학 약학부, 약학대학	5년
중등보건일군	준의	의학전문학교 기초의학과	3년
	보철사	의학전문학교 구강과	3년
	조산원	의학전문학교 조산과	3년
	조제사	의학전문학교 약학과	3년
보조의료일군	간호원	간호원양성소	6개월
	간호원	간호원학교	2년

출처: 신희영 외, 『통일의료: 남북한 보건의료 협력과 통합』(서울: 서울대학교출판문화원, 2017), 40쪽.

위 표에서는 남한에는 없고 북한에만 존재하는 의료인력 양성제도
가 3개가 있다. 첫째, 통신학부로 의료인력을 양성하는 방법이다. 통신
학부는 본과 6년제로 봄과 가을에 각 3주간 등교하여 배우는 과정이
다. 대학과 가까운 거주자는 야간에 2시간씩 수강하고, 먼 거리 거주자
는 통신수강으로 전 과정을 이수할 수 있다.[3] 이들은 해부학 등의 실험
을 하지 못하지 않을까 하는 의구심을 가질 수 있으나, 북한에서 의사
로 근무한 경험이 있는 탈북민은 여기에 대해 강하게 부인했다. 통신학
부에 다니는 의학대학 학생들은 대부분 병원에서 근무하고 있어서 전
업으로 공부하는 주간대학생과 비교할 때 이론에 있어서는 뒤떨어질
수 있으나, 병원에서 일하면서 공부하기 때문에 실무적인 면에서는 오
히려 뛰어나다고 설명했다.[4]

---

3 김신곤, "북한의 의사양성제도와 통일시대 의료인력 개발의 원칙," 『의료정책포럼』, 제16권 4
   호(2018), 38쪽.

4 임운향, "통신교육으로 '준의사' 될 수 있어," 『NKhealth 북한보건의료네트워크』 http://www.
   nkhealth.net/board.php?var=view&code=sub_0303&page=34&number=16(검색일: 2022.8.1.).

둘째, 체육의사제도다. 북한의 대외 홍보잡지인 『금수강산』 2006년 1월호에 따르면 평양의대 체육학부는 북한의 조선체육대 전문부를 졸업한 학생들을 대상으로 선발해 체육훈련을 과학적으로 조정할 수 있는 체육의사들을 키워내고 있고, 졸업생들은 체육의학연구소와 각 체육단의 체육의사로 진출한다고 한다.[5] 체육학부는 2001년도에 개설하여 대학과 정부 차원에서 전격적인 지원을 아끼지 않았다. 능력 있는 체육의사들을 길러내기 위해 대학 차원에서는 능력 있고 경험이 풍부한 학위·학직 소유자들을 학부에 배치했다. 체육의사들은 북한의 체육 발전을 위한 선수들의 경기력 향상을 목적으로 특별히 육성되는 의사들인 셈이다.

셋째, 준의사제도다. 북한에서 의사와 준의사는 맡은 역할에서는 별다른 차이가 없다. 의사는 5년 이상의 의학대학을 다녔고, 준의사는 3년 동안 의대를 다녔다는 것이다. 의학대학과 의학전문학교를 졸업했다는 차이다. 그러나 이러한 학력 차이로 인해 대우에 있어서는 차이가 크다. 준의사는 시군단위 병원이나 도급 병원에서는 의사의 보조의사로 근무하게 된다. 따라서 의사와 준의사 사이에는 보이지 않는 갈등이 존재하기도 한다. 준의사들은 통신학부 2, 3학년에 편입하기도 한다.

북한에서 의사면허 취득은 졸업과 동시에 의사 자격이 주어진다. 남한과 같이 전문의 자격을 취득하기 위해 국가고시를 별도로 치르지는 않는다. 북한은 졸업과 동시에 의사 자격이 주어지기 때문에 의학대학

---

5 DailyNK, "북 스포츠과학 산실 평양의대 체육의학부,"《DailyNK》(2006.12.29.).

4학년 때부터는 대학병원에서 환자를 직접 진료하면서 수업을 듣는 과정을 밟는다. 졸업반에서는 졸업시험을 치르게 되는데 5명 이상의 시험위원으로 구성된 국가졸업시험위원회가 꾸려져 필기와 구술시험을 치르게 된다. 시험 과목은 내과학, 외과학, 외국어(제2외국어 포함), 정치 과목(김일성 부자 노작 포함), 임상학부 50개 과목의 학기말과 학년말 시험을 통과하고, 임상실습과 군사훈련 등 국가졸업시험 기준을 만족시킨 학생들에게만 시험 자격이 부여된다.[6]

한편, 북한의 의사들은 의학대학을 졸업하면 6급 의사에서 1급 의사까지 급수가 있다. 급수 승진은 3년마다 기회가 주어지며, 4급까지는 시험 성적만으로 승급이 가능하다. 그러나 3급부터는 관련 분야의 논문이나 뛰어난 치료 업적이 증명되어야 승급할 수 있다. 또한 1, 2급 의사는 박사학위나 부교수급 이상의 직위를 가져야 가능하므로 대부분 북한의 의사들은 3, 4급에 머무는 경향이 크다.

<그림 7-1> 북한 군단위 병원 및 앰뷸런스 모습

출처: 2007년 8월 북한의 군단위 병원 현대화를 위해 방북해 현지 답사하는 과정에서 기념촬영한 사진이며, 앞줄 맨 왼쪽이 필자임. 앰뷸런스는 이 병원에 주차해 있었던 일제 중고차였음.

---

6 김신곤, 앞의 논문, 39쪽.

4. 북한의 의료전달체계

북한의 의료전달체계는 4단계로 구성되어 있다. 남한은 3단계의 의료전달체계로 구분은 병상 수로 의료기관의 급수가 나누어진다. 반면 북한은 행정구역별로 급수를 구분하고 있다. 지방도시의 경우는 도-시·군-동·리와 광역도시는 직할·특별시-시·군-동·리로 구분된다.

1차 의료기관인 '리진료소'는 주로 작은 농어촌에 위치해 진료소는 1~2명의 의사와 간호사가 근무하고, '리 인민병원'은 10명 정도 의사가 근무하는 최소 단위 의료기관이다. '종합진료소'는 도시에 위치한 최소 의료기관으로 의사 4~5명이 근무한다. 진료 과목은 내과, 외과, 산부인과, 구강과, 고려의학과 등이 있다. 각 리마다 진료카드가 있는데, 이러한 진료카드가 없으면 진료가 불가능하다. 따라서 해당 리 주민만이 진료를 받을 수 있다.

2차 의료기관은 시·군 인민병원이다. 여기에는 도 단위 시의 인민병원과 광역도시의 구역 인민병원, 지방도시의 군 인민병원이 해당된다. 군 인민병원은 북한 의료전달체계에서 가장 중요한 역할을 담당하고 있다. 병원 규모와 주민들의 접근성을 고려할 때 리 인민병원은 의료시설이나 의료진들의 규모를 생각할 때 빈약하고, 도 인민병원은 규모도 크고 의료진이 많으나 주민들과의 거리가 멀다는 제약이 뒤따르기 때문이다. 군 인민병원은 주민들과의 거리도 멀지 않고 규모도 제법 갖추어져 있어서 2005년 남북한 보건의료협력에서 가장 관심을 갖고 현대화를 추진하려고 하였으나 2008년 이명박 정부에서 남북관계가 단절되면서 모든 보건의료협력사업들이 수포로 돌아가 버렸다.

3차 의료기관은 도 인민병원이다. 통상 도 인민병원으로 불린다. 도 인민병원은 의학대학 병원으로 총 11개가 존재하는 것으로 파악되고 있다. 1, 2차 의료기관에서 치료하지 못하는 위중한 환자나 수술이 필요한 경우에 이송되어 오는 환자들을 돌보게 된다. 이렇게 1, 2차 진료 기관에서 3차 기관으로 환자들을 이송하는 경우를 '파송'이라고 한다.

한편, 2022년 하반기에 북한 병원의 명칭에서 '인민'이 삭제되었다. 예를 들면 '시인민병원'이 '시병원'으로, '군인민병원'이 '군병원'으로, '구역인민병원'이 '구역병원'으로 바뀌었다. 이러한 명칭 변경을 통해 의료기관의 양적·질적 발전과 종합병원 체계를 구축하려는 북한 당국의 의지가 담긴 것으로 보인다.

4차 의료기관은 중앙병원이다. 북한의 중앙병원은 조선적십자병원, 김만유병원, 평양산원 등이다. 조선적십자병원은 적십자중앙위원회 산하병원으로 1948년 설립되어 북한에서는 가장 오래된 역사를 자랑하는 병원이다. 시설과 치료기구가 잘 갖추어진 병원으로 당연락부에서 관장하는 특별병동이 설치되어 있다.

김만유병원은 재일 동포 의사 출신인 김만유 씨가 1986년 설립한 병원이다. 김만유 씨는 제주도 출신으로 일본으로 건너가 의대를 졸업하고 도쿄에서 큰 재산을 모았다. 이후 1982년 재일본조선인총연합회 결성 이래 최대 금액인 22억 엔을 기증해 병원 설립의 기초를 놓은 인물이다. 북한 특히 평양에서 특정한 개인의 이름을 딴 건물이나 병원을 짓는 경우는 매우 드문 경우다. 그럼에도 불구하고 김 씨의 경우 워낙 거액이고 특히 병원을 건립하고자 하는 뜻을 받아들여 북한 당국도 적

극적으로 협력한 것으로 보인다.

평양산원은 1980년에 설립한 북한 유일의 여성전문병원이다. 필자도 2007년 8월 말에 직접 방문한 경험이 있는 병원이다. 지금도 바닥에 깔려 있던 고급스러운 대리석이 기억에 뚜렷하다. 하지만 이 병원은 지방의 여성들은 사용할 수 없다고 한다. 평양산원은 산부인과뿐만 아니라 갓난애기과, 내과, 비뇨기과, 구강과, 구급소생과, 안과, 이비인후과 등 여러 전문 분야의 전문과들을 갖추고 있다. 평양산원은 김일성의 부인인 김정숙이 해산하다가 사망한 이후에 김일성 주석이 여성들을 위해 마련해 주었다는 이야기가 전해지는 병원이기도 하다. 이후에 북한의 평양 시민들은 평양산원을 "하늘도 별들도 부러워한다"는 의미로 애기궁전이라고 부르기도 하는 것으로 전해 들었다.

〈그림 7-3〉 2007년 8월 북한을 방문하여 평양산원 전경,
병원 내부를 둘러보면서 의사에게 질문하는 필자

〈표 7-4〉 북한 의료전달체계

의료기관 형태		의사 수	진료 전문과	병상 규모
1차	리·동 진료소	1~2명	없음(주로 준의 근무)	0~2
	종합진료소	4~5명	내과, 외과, 소아과	0~5
	리 인민병원	10명 이내	내과, 외과, 소아과, 산부인과, 고려치료과, 구강과, 이비인후과	5~20
2차	시·군·구역 인민병원	약 50명	내과, 외과, 소아과, 산부인과, 고려치료과, 피부과, 안과, 신경과, 실험과(혈액검사실), 물리치료과, 결핵과(3예방원), 간염과(2예방원)	100~500
3차	도 인민병원	약 200명	내과(순환기, 소화기, 호흡기), 복부외과, 수지외과, 정형외과, 흉부외과, 신경외과, 소아과, 산부인과, 고려치료과, 뢴트겐과, 구강과, 이비인후과, 피부과, 안과, 신경과, 물리치료과, 비뇨기과, 마취과, 기능회복과, 병리진단과, 종양과(일부), 두경부외과(일부)	800~1,200
4차	조선적십자병원 등	약 400명	3차 의료기관과 유사	1,000 내외

출처: 서울대학교 의과대학 통일의학센터 외 공저, 『북한 보건의료백서』(서울: 보건복지부),
2013; 신희영 외, 「김정은 시대 북한 보건의료체계 동향」, 187쪽에서 재인용

북한의 4단계 보건의료체계는 이론적으로는 참으로 훌륭하다. 도 병원이나 중앙병원으로 환자들의 쏠림현상도 없으니, 단계별로 환자가 앓고 있는 질병의 중증 정도에 따라 병원을 선택해서 진료하면 질병 치료의 효과성도 클 뿐만 아니라 신속하게 대응할 수 있다는 장점이 분명 있는 제도이다. 그러나 실제로는 군 단위 병원에서 도 단위 병원으로 '파송'하는 게 자유롭지 못하다. 앰뷸런스를 원만하게 운용할수 없기 때문이다. 앰뷸런스를 보유한 군 인민병원이 드물었고, 보유한상태라 하더라도 차량이 노후한 상태에 있었다. 새 차로 바꾸고 콜드체인 체계를 갖추고자 하는 병원들이 많았다. 남북한의 보건의료협력 사업이 원만하게 진행되던 시기인 2000년대 초중반 무렵 북한은 앰뷸런스와 콜드체인의 지원을 남한 정부와 민간단체들에 여러 번 요청해 온바 있다.

5. 북한의 진료체계와 의사들의 일상생활

북한 의료체계의 3대 핵심은 전반적 무상치료제, 의사담당구역제, 예방의학적 방침을 축으로 하는 정책이다. 북한의 「인민보건법」은 제2조에서 "(세계에서) 북한이 가장 선진적인 인민보건제도가 마련되어 병치료에 대해 걱정을 모르고 건강하게 오래 살려는 인민들의 세기적 염원이 빛나게 실현되었다"고 공포하였다.

보건의료체계가 잘 완비되어 선진적인 치료체계가 갖추어졌다는 북한의 공식적인 선언에도 불구하고 북한 주민들의 기대수명은 남한과 비교할 때 12년 이상 짧으며, 의약품 부족으로 병원이나 약국에서 약을 구할 수 없어서 시장에서 환자들이 스스로 알아서 구매해야 하는 상황이다. 이러한 북한의 현실은 북한의 의료체계가 제도적으로는 잘 설계되어 있으나, 실제로는 제도를 뒷받침하지 못해 북한 주민들이 의료혜택을 제대로 받지 못하고 있다는 의미다. 북한 당국이 자랑스럽게 인식하고 있는 북한 의료의 3대 핵심을 하나하나 들여다보자.

먼저, 북한의 무상치료에 관해 살펴보자. 북한은 무상치료를 무상교육과 더불어 북한체제를 떠받치는 양대 지주로 홍보해 오고 있다. 그만큼 북한 스스로는 무상치료제의 운용을 자랑스럽게 생각하고 있다.

북한에서 무상치료에 관한 구상은 오랜 시일에 걸쳐서 점차 완성되어 나왔다. 첫 출발은 1946년 3월 23일 발표된 '20개 정강' 마지막 20조에 병원 수 확대와 함께 빈민들을 무료로 치료해 나갈 것임을 밝히고 있다. 이 정강은 훗날 북한 헌법의 기초가 되었다. 이후 1947년 1월 27일 노동자, 사무원과 그 부양가족들에게 국가사회보험법에 따른 무상치료를 실시하기 시작하였다. 한국전쟁이 한창이던 1952년 11월 13일 북한은 '전반적 무상치료제를 실시할 데 대하여'를 내각에서 채택하고 무상치료 대상을 노동자, 농민에서 전체 주민으로 확대하였다. 이 무렵 북한이 의료에서의 무상치료를 확대할 수 있었던 배경은 구소련을 비롯한 중국과 동부 유럽 사회주의 국가들의 지원으로 일부 병원과 진료소를 설립하고 필요한 의료기자재를 충당할 수 있었기에 출발할 수 있었다.

그러나 의사와 간호사 등 의료인들이 전쟁 상황으로 말미암아 수적으로 부족하고, 무상치료를 할 수 있는 기반이 제대로 갖추어지지 않아서 모든 부문을 국가가 책임지기에는 국가 재원이 부족하였다. 따라서 정부 차원의 전 국민 무상치료를 실행되고 있다고 선전하였으나 현실은 의료 복지전달체계가 홍보처럼 제대로 작동되지 못하였다.

북한에서 '완전하고 전반적인 무상치료제'는 1960년 2월 최고인민회의 제2기 제7차 회의에서 선포되었다. 이전의 전반적인 무상치료제 실시보다 더욱 진전된 상황으로 무상치료를 실시하려는 노력의 결과였다. 이를 계기로 북한의 의료시설이 '리' 단위까지 설치되었으며 치료예방의 기관 수도 1949년 대비 3.3배, 침대 수는 4.4배, 의사 수는 2.4배, 준의사 수는 6배 이상 늘어났다.[7]

특히 이전 단계와의 차이는 '전반적 무상치료제'가 무상치료의 적용 범위 관계없이 전체 인민으로 확대한 것이었다면, '완전하고 전반적인 무상치료제'는 무상치료의 질을 보장하기 위함이었다는 게 북한의 설명이다. 이를 위한 조치로 '의사담당구역제'를 실시하여 환자를 찾아내서 치료함으로써 요양봉사와 같은 의료봉사를 가능하도록 조치하였다는 논리이다. 이른바 '찾아가는 의료서비스' 체계를 구축하였다는 게 북한의 주장이다. 그러나 선포 당시 이러한 체계가 구축된 것은 아닌 것으로 보인다. 이후의 북한의 각종 문헌들은 '의사구역담당제'는 1963년 평양에서 최초로 소아과의사담당구역제가 실시되었다고 기록되어 있다.[8]

북한에서 무상치료제의 실질적인 완성은 「인민보건법」의 제정에 큰

---

7 홍순원, 『조선보건사』 (평양: 과학백과사전출판사, 1981), 611쪽.

8 홍순원, 위의 책, 610-616쪽.

의미를 부여하고 있다. 이 법은 1980년 4월 최고인민회의 제6기 제4차 대회에서 채택되었다. 1980년 10월 10일은 김정일을 김일성의 공식적인 후계자로 국내외적으로 공식화한 매우 의미 있는 날이다. 여기에서도 「인민보건법」에 대해 심도 있게 토의하고 보건사업 전반에 대한 설계를 진전시켰다. 따라서 「인민보건법」이 김일성 시대의 보건의료제도의 완성단계를 의미하고, 김정일 시대의 새로운 개척의 의미로 활용되었음을 뜻한다고 볼 수 있다.

김일성이 무상치료제에 이토록 관심과 열정을 쏟았던 배경은 크게 두 가지로 요약된다. 하나는 그의 아버지인 김형직이 감옥에서 의학을 공부하여 출옥 이후 압록강과 만주 일대에서 의원을 개설하여 환자들을 돌보게 되면서, 아들인 김일성도 병든 사람들에 대한 관심이 커졌을 것이란 추론이 가능하다. 다른 하나는 1935년 〈조선광복회 10대 강령〉 9조에 "8시간 노동제 실시, 노동 조건 개선…근로대중을 구제할 것"이 포함되어 있었다. 이러한 자신의 가정과 조직활동을 통한 과정에서 체득의 결과로 보인다.

의사담당구역제

'의사담당구역제'는 "의사들이 일정한 주거지역을 담당하여 주민들의 생명과 건강을 책임지고 돌보는 시스템"이다.[9] 북한에서 의사담당구역제에 대한 개념이 등장한 것은 1961년 무렵이지만 실제로 도입은 1963년부터이다. 이를 위해 의사와 준의사 3,179명을 양성하였으

---

9   이혜경, 『북한 무상치료제에 대한 이해』 (서울: 솔과학, 2018), 215쪽.

며, 기술 검정시험을 통해 913명의 의사를 배출하였다. 이로써 북한은 국민 만 명당 의사 비중이 1946년 1.1명에서 1963년 15.8명으로 크게 늘어났다.[10] 의사담당구역제는 1980년대 후반에야 전국적으로 확대 실시될 수 있었다. 이 무렵에는 의사담당구역제는 한 단계 업그레이드되어 '호담당구역제'로 진화하였고, 각 리 인민병원과 진료소에서 담당해 추진하였다.

호담당구역제는 남한의 의료전달체계와 비교하면 '주치의' 제도와 비슷하다고 할 수 있다. 물론 남한의 주치의는 개인을 전담하지만, 북한에서는 지역 또는 마을의 주민들을 자신이 맡은 범위 내에서 담당하도록 하는 차이는 분명히 존재한다.

호담당구역제는 태아 때부터 출생까지는 산부인과 의사가 담당하고, 출생 이후부터 14세까지는 소아과 의사가 담당하며 이후부터는 내과 의사가 일생 건강관리를 도와주는 체계이다. 탈북민 의사에 의하면 호담당 의사 1명이 돌보는 지역주민의 규모는 도시의 경우 1,200명 정도, 농촌은 1,500명 정도라고 전했다. 성인 직장인들의 경우에는 거주지 담당제와 직장 담당제로 이원화되어 있어서 편의상 편리한 곳을 이용할 수 있도록 하고 있다.

북한의 호담당의사제도는 제대로 작동된다면 장점이 많은 제도이다. 예를 들면 의사가 가정을 직접 방문할 수 있어서 열이 나는 사람은 누구이며, 어디를 다녀왔는지를 금방 파악할 수 있다. 그리고 누가 다녀갔는지도 정확하고 신속하게 파악할 수 있어서 역학 조사를 쉽게 효

10　편집실, 『NK health』(2004.4.7.).

율적으로 할 수 있다.

호담당의사제도는 단점도 있다. 예를 들면 개인들의 사생활은 지켜지기 어려운 게 사실이다. 특히 북한과 같이 의약품이 부족하고 국가가 무상치료를 할 수 없는 상황이라면 결국 치료 약은 시장에서 구입하거나 의사에게 웃돈을 주고 구매해야 하는 부담을 안을 수밖에 없다.

예방의학제

'예방의학'은 "보통 치료의학의 대응어"로 쓰인다. 의학은 건강을 유지·증진하고 질병을 예방하는 것이며, 병이 났을 때는 건강을 회복시키고 재활시켜서 사회에 적용할 수 있도록 하는 것이다. 일반적으로 의학을 기초의학·임상의학·예방의학으로 크게 나눈다.[11] 예방의학은 질병이 발생하기 이전에 취하는 조치로 위생과 방역이 여기에 해당된다.

북한이 예방의학에 관심을 갖기 시작한 것은 해방 이후 남북한 지역에 전염병이 흔했기 때문이다. 당시 한반도는 제2차 세계대전이 벌어지고 있었던 전쟁터 중의 하나였기 때문에 전염병에 취약할 수밖에 없었다.

북한의 전염병에 대한 대책은 시기별로 대응 인프라를 구축하는 과정에서 점차 구체화되었다. 1946년 2월 북조선임시인민위원회가 설립되면서 전염병에 관심을 보였다. 같은 해 여름에 '콜레라'가 유행하면서 사망자가 발생하기 시작하였다. 이에 대해 '북조선호열자임시방

11　두산백과 사전에서 검색하였음. https://terms.naver.com/entry.naver?docId=1127590&cid=40942&categoryId=32809 (검색일: 2022.9.15.).

역대책위원회'를 조직해 대응하고자 하였다. 여기에는 각 정당, 사회단체, 국가기관 등이 망라되었다. 여기서 '호열자'는 콜레라를 뜻하며 급성 설사로 탈수가 심해 사망에 이르게 할 수도 있는 당시에는 매우 심각한 전염병이었다.

38도선 이북에서 11월에는 중앙에 '북조선중앙방역위원회'를 설립하고, 각 도·시·군·면에서 '방역위원회'를 조직하였다. 당시에 행정에서 최말단 조직이었던 '면'에까지 방역위원회가 조직될 정도로 방역에 상당한 관심과 노력을 기울였던 점은 주목할 만하다. 1949년에는 북조선방역위원회는 내각 직속의 '중앙방역위원회'로 개편되었다. '북조선'을 삭제함으로써 38도선 이북이라는 공간적 제약을 제거하기 위함이었던 것으로 보인다. 이 무렵 도·시·군·리 방역위원회를 조직하고, 200명 이상의 기업소에서는 직장방역위원회를 설치하였다.[12]

한국전쟁이 한창이던 1951년 6월에는 중앙방역위원회를 '국가비상방역위원회'로 개편하였다. 미군의 세균무기 사용에 따른 국가자원을 총동원하기 위해서였다. 집집마다 검병일지를 작성하게 하고, 환자들은 격리수용소에 수용하는 방법으로 전염병에 총력대응체계를 구축하려고 노력하였다. 한편 민청과 여맹이 중심이 되어 2, 12, 22일에 대청소를 실시해 위생사업을 적극적으로 펼쳤다. 직장과 학교에서도 청소 등을 강화해 위생에 각별한 신경을 쏟았다.

한국전쟁이 끝나고 재건사업을 본격화하면서 국가비상방역위원회는 위생방역위원회로 다시 바뀌었다. 이는 1956년부터 시작된 인민경

---

12 "중앙 및 각급위원회 개편을 내각에서 결정,"《로동신문》(1947.9.18.); 엄주현, "북한 보건의료체계 구축 과정 연구," 동국대학교대학원 북한학과 박사논문, 2020, 144쪽에서 재인용.

제발전5개년 계획에 맞춰 보건 분야에서도 성과를 도출하기 위한 조치였다. 이 무렵에는 '이 박멸'이 중심과제였다. 각 기업소와 학교 등에 '이'를 박멸하기 위한 소독을 실시하였다. 1957년부터는 '디스토마'에 집중하였고, 그 결과 논과 하천 등에서 골뱅이와 가재를 퇴치하는 방법을 동원하였다.

1958년 8월 종파 사건 이후 조선로동당을 장악한 김일성을 중심으로 한 세력들은 보건의료 정책에서도 당이 주도권을 행사하기 시작하였다. 여기에 민청, 여맹, 농업협동조합 등이 협조하는 체제를 구축하면서 북한의 예방의학체계의 분업이 이루어졌다. 민청위원장에게는 공동위생을, 여맹위원장에게는 가정위생, 진료소장에게는 위생선전을 담당하게 하는 방식이었다.[13]

북한은 위생방역사업 이외에도 신체검사를 전 국민적으로 실시하면서 체력을 길러 질병에 대한 면역력을 키우고자 하였다. 이러한 움직임은 정부를 수립하기 이전인 1947년 9월부터 등장하기 시작하였다. 북조선인민위원회 보건국에서는 노동자와 사무원을 대상으로 신체검사를 실시하였다. 노동자들의 건강과 체력을 증진시키고자 함이 목적이었다. 신체검사는 피부, 영양, 질병상태 등을 점검하였고, 그 외에도 필요한 경우 맥박, 혈압, 폐활량, 객담, 소변, 엑스레이 검사 등을 시행하였다. 1948년에는 전체 인민으로 확대되었다. 이러한 체력 검정 결과는 학교를 지원할 때나 직장을 구하고자 할 때도 필요하였다.[14]

---

13 상세한 내용은 엄주현, 위의 논문, 272-273쪽, 참조.
14 "체력향상을 위하여 인민체위를 검정,"《로동신문》(1948.7.20.); 엄주현, 위의 논문, 146쪽에

6. 북한 의사들의 일상과 여가활동

1) 북한 의사들의 일상생활

의사들의 하루 일과는 8시에서 8시 30분 사이에 출근하는 것으로 시작된다. 그리고 30분 동안은 아침조회(독보회)를 갖는다. 북한에서 이러한 독보회는 모든 직장인들이 갖는다고 보면 틀림이 없다. 출근하자 말자 노동신문의 사설이나 노동당의 지침이나 중앙에서 내려온 지침을 공유하는 자리이다. 보통 본격적인 진료는 8시 30분부터 진행한다. 근무 중에는 10시경 업간체조를 약 20분 정도 진행한다. 점심은 도시락으로 해결하고 큰 병원의 경우는 구내식당에서 먹기도 한다. 호담당 의사들은 개개인들이 맡고 있는 구역이 자신의 집과 가까운 거리에 위치하고 있는 경우가 대부분이어서 자신의 집에서 점심을 먹는 경우가 보통이다. 왕복거리가 1시간 이상인 경우에는 도시락을 준비해 출근하기도 한다. 보통 오후 7시에 퇴근한다. 퇴근 이후 담당구역을 방문해 정책해설이나 위생선전을 진행하기도 한다. 코로나와 같은 감염병이 유행한다면 코로나 발생 경위라든가, 대응방법으로 마스크 쓰기, 손 씻기, 거리 두기 등을 자신의 담당구역 주민들에게 설명하는 경우도 있다.

호담당의사들은 조를 나누어 오전과 오후반으로 외근 팀과 내근 팀이 역할을 나누어 근무함으로써 병원에 의사들의 공백이 일어나지 않도록 하고 있다.

서 재인용. 북한의 로동신문에서는 전 인민을 대상으로 신체검사를 실시하였다고 하지만, 당시 북한의 의사 수, 의료장비 수준 등을 고려할 때 현실적으로 불가능하였을 것으로 짐작된다.

〈그림 7-4〉 호담당의사들의 왕진 나가는 모습

　북한의 의사들은 주 6일 근무하고 있다. 낮 시간 동안은 출근해서 치료가 기본이다. 의사들은 요일별로 핵심 과업이 있다. 예를 들면 월요일에는 정치학습이 진행되는데 이때는 중앙에서 하달되는 지시나 정책을 전달받게 된다. 자신이 앞으로 수행해야 할 과업수행에 관한 지침 등을 전달받게 된다. 화요일은 기술 학습의 시간이 주어진다. 의학적 상식 등에 관한 강의가 진행된다. 수요일에는 강연회 시간이 진행되는데 여기에는 의사는 물론 간호사도 참석해야 한다. 중앙당에서 채택된 정책을 일반 주민들에게 확산시키기 위한 지침이 전달되기도 한다. 예를 들면 코로나 정국에서 주민들이 지켜야 할 수칙을 교육하는 방안을 하달받는 시간이다. 목요일에는 별다른 과제가 없다. 금요일에는 전 의료인의 집회가 있다. 의사 · 간호사 · 보철사 · 간병인 · 경리과 등 전 직원이 참석하는 회의가 열린다. 토요일에는 주 생활총화가 진행된다. 여기에는 당원, 직맹, 청년 등으로 나뉘어져 각 소속별로 참석해야 한다. 일요일에는 휴식이다.

2) 북한 의사들의 여가활동

북한 의사들의 휴가는 여느 직장인들과 다름없이 공식적으로 14일이다. 북한에서는 남한과 같이 여름휴가를 보내는 경우는 거의 없다. 여름휴가 개념 자체가 존재하지 않는다. 다만 친척 가운데 결혼이나 문상을 가야 할 경우 휴가를 사용할 수 있다. 또는 자신의 건강이 좋지 않을 경우에 병가를 내고 쉬는 경우가 있다.

북한의 공식 연휴는 신정과 설날, 그리고 국가지정 명절 등이 있다. 국가지정 명절에는 2·16 광명성절, 4·15 태양절 등이 여기에 해당되지만, 이러한 국가 명절에는 광장에서 진행되는 정치행사에 동원되기가 일쑤이다.

북한 의사들에게 주어지는 2회 연중행사는 의무적으로 참석해야 한다. 모든 병원 종사자들은 봄과 가을에 진행되는 약초 채취에 동참해야만 한다. 여기에는 산에서 일정한 약초를 캐서 잘 말려 자신에게 주어

〈그림 7–5〉 북한 의사들의 약초 캐는 모습

진 할당량을 채워야 한다. 약초들은 황기, 백출, 당귀 등이다. 이러한 양을 채우기가 쉽지 않다고 한다. 할당량을 채우지 못하는 경우에는 시장에서 구입해서라도 제출해야 한다.

의사들의 여가 생활은 일반 주민들의 여가와 크게 다르지 않다. 최근 북한 주민들의 여가 생활은 생활 형편에 따라서 그 차이가 심하게 드러나는 추세이다. 시장에서 큰돈을 번 신흥부자들은 하루 저녁에 백만 원 이상을 평양에서 쓰는 호화로운 생활을 하면서 휴가를 즐긴다. 반면 생활 형편이 어려운 주민들은 휴가 기간을 시장에서 돈 버는 기회로 활용한다. 연령대에 따라서 인기 있는 휴가지가 따로 있다. 노인층들은 주로 온천이나 약수터를 찾지만, 젊은 층들은 평양문수놀이장, 능라인민유원지, 마식령스키장 같은 곳이 인기가 있다. 북한에서는 2박 3일 이러한 장기 숙박을 하면서 여행하는 경우는 드물다. '여행증명서'를 발급받아야만 자신이 생활하고 있는 해당 '군'을 지나서 여행이 가능하기 때문이다.

7. 북한 의사들의 은퇴와 노후 생활

북한의 노동자들의 은퇴는 남성 60세, 여성 55세에 정년 퇴임을 계기로 이루어진다. 의사들도 마찬가지이다. 의사들에게도 일정한 근속 노동연한 이상일 경우 연로연금을 받게 된다.

한 탈북자에 따르면 의사들은 근무할 당시에는 식량 1일 700g 정도를 받는데, 퇴직 이후에는 식량 300g과 북한 돈 30원 정도를 연금으로 받는다고 한다. 그러나 공로에 따라서는 식량 600g과 급여로 60원을 받기도 한다고 전한다. 이 정도의 대우를 받으려면 국가훈장을 받는 경우에 해당된다.

북한 의사들은 은퇴 이후 노후 생활을 위해 현역에 있을 동안 지역에서 인기 있는 의사로 활동하면서 돈을 벌기 위해 노력한다. 보다 더 친절하고 상세하게 환자들에게 설명함으로써 집으로까지 찾아오도록 하기 위해 힘쓴다고 한다.

탈북민들은 남한 의사들과 북한 의사들의 특징을 이렇게 비교하는 얘기를 종종 들었다. "남한의 의사들은 청진기를 지갑에 가져가고, 북한 의사들은 청진기를 심장에 가지고 간다"고 흔히 말한다. 남한 의사들은 '재물'을 욕심내고 북한 의사들은 '정성'을 들여서 치료하기 때문이란다. 그러나 최근 북한 의사들 가운데는 '돈맛'을 알아서 은퇴하기 전에 최대한의 '재물'을 모아두려는 움직임도 눈에 띄게 늘어나는 모양이다.

| 참고문헌

서울대학교 의과대학 통일의학센터 외 공저. 『북한 보건의료백서』. 서울: 보건복
　　　지부, 2013.

신희영 외. "김정은 시대 북한 보건의료체계 동향." 『통일과 평화』. 제8권 2호.
　　　2016.

신희영 외. 『통일의료: 남북한 보건의료 협력과 통합』. 서울: 서울대학교출판문화
　　　원, 2017.

이혜경. 『북한 무상치료제에 대한 이해』. 서울: 솔과학, 2018.

홍순원. 『조선보건사』. 평양: 과학백과사전출판사, 1981.

김신곤. "북한의 의사 양성제도와 통일시대 의료인력 개발의 원칙." 『의료정책포
　　　럼』. 제16권 4호. 2018.

본사 기자. "경애하는 김정은 동지의 불후의 고전 로작 〈새 세기 교육혁명을 일으
　　　켜 우리나라를 교육의 나라, 인재강국으로 빛내이자〉가 제13차 전국교육
　　　일군 대회 참가자들에게 전달되었다." 《로동신문》 (2014.9.6.).

신희영. "『고등교육』에 나타난 북한의 의학교육 현황 분석." 『통일정책연구』. 제
　　　26권 2호. 2017.

임주현. "북한 보건의료체계 구축 과정 연구." 동국대학교대학원 북한학과 박사
　　　논문. 2020.

DailyNK. "북 스포츠과학 산실 평양의대 체육의학부." 《DailyNK》
　　　(2006.12.29.).

임운향. "통신교육으로 '준의사' 될 수 있어." 『NKhealth 북한보건의료네트워크』
http://www.nkhealth.net/board.php?var=view&code=sub_0303&page=34&num
　　　ber=16(검색일: 2022.8.1.).

https://terms.naver.com/entry.naver?docId=1127590&cid=40942&categoryId=
　　　32809(검색일: 2022.9.15.).

제8장

북한 무직 여성들의
일상생활

북한에서 여성은 전체 인구의 절반 이상을 차지하고 있다. 그 여성들은 해방 이후 남북한 분단으로 75년 이상 각기 독자적으로 위상과 역할을 부여받으며 살아왔다. 남성과 다른 성(性)적 특성을 지닌 인간으로서 북한 여성은 아내이자 어머니로서, 국가가 부여한 근로여성(노동자)으로서, 최근에는 시장에 나가 생계를 담당하는 실질적인 가장으로서의 역할 변화를 경험해 오고 있다.

북한 여성에 관한 연구는 다른 연구 분야와 마찬가지로 제한성을 띨 수밖에 없다. 북한지역에서 생활해 본 경험이 없기 때문에 그들의 일상을 깊이 이해하고 심층적으로 분석하는 데 한계가 있다는 의미이다. 북한 여성 관련한 1차 자료들도 많은 편이 아니어서 2차 자료를 이용하거나 북한이탈주민과의 인터뷰를 통해서 의문을 해소해야만 한다. 북한이탈주민들도 자신의 경험이 북한 여성 일반을 대표한다고 보기도 어렵다. 자신이 북한에서 경험한 시기와 지역적인 한계가 있기 때문이다.

필자는 북한이탈주민 여성들을 만나면서 두 가지 상반된 이미지를 갖게 되었다. 하나는 이들이 강인한 생활력과 정신력으로 낯선 이국땅에서 열심히 살아가고 있다는 생각이 들었고, 다른 한편으로는 남편에게는 순한 양처럼 봉건적 아내로서의 여성상이 그려져 있다. 아마도 북한에서의 남편과 아내의 생활 모습이 남한에 입국해서도 그대로 이어져 온 결과로 생각한다.

이 장에서는 북한의 무직 여성들은 누구인가, 여성들의 지위는 어떻게 변화해 나왔는가, 북한 무직 여성들의 일상은 어떠한가, 시장의 활성화와 무직 여성들의 역할은 무엇인가, 무직 여성들의 일상과 여가 생활은 어떠한지, 노후는 어떻게 준비하고 있는지 등을 살펴보고자 한다.

1. 북한에서 무직 여성이란 어떤 사람들인가?

북한의 「사회주의로동법」 제4조에는 "사회주의 하에서 공민은 로동에 참가할 의무를 지닌다"고 규정하고 있다. 이를 풀어서 설명하면 북한에서 고급중학교(고등학교) 졸업 이상의 주민들은 모두 근로자로서 공장·기업소 등에서 직업인으로서 근로에 참가해야 하는 의무를 지닌다는 것이다. 여기에는 여성들도 예외가 아니다. 고급중학교를 졸업하는 여성들은 자신의 아버지가 다니는 직장에 신상명세서가 제출된다. 예를 들면 아버지가 길주 고창탄광에서 일하고 있으면 탄광사무소로 제출되고, 특별한 경우가 아니면 자녀들도 이곳에서 광부로서 일하게 되는 것이다. 대학을 졸업하는 경우는 도당 인민위원회 노동과에서 직장을 배치한다. 〈이에 대한 상세한 내용은 제3장 1절 참조〉

사회주의에서 여성들을 노동일터에 적극 배치하는 이유는 여성들의 억압의 원인이 사유재산 제도와 '생산활동'에서 여성들의 배제로부터 비롯되었다고 마르크스와 엥겔스가 진단한 데서 찾을 수 있다. 실존하였던 대부분의 사회주의 국가들은 이러한 노동관을 보여주고 있다. 북한도 예외는 아니다. 사회주의 국가들은 사유재산 철폐라는 큰 틀 속에서 여성의 노동자화, 즉 여성의 생산활동 참여 촉구 및 이를 위한 제 반 사회여건 창출을 지속해 온 것이다.[1]

북한에서 무직 여성들은 어떤 경우에, 어떤 사람들이 해당되는가? 이를 다르게 표현하면 북한의 여성들이 노동 현장을 떠나는 경우는 어떤 상황일 때 가능한가라는 질문으로 바꾸어 표현할 수 있다. 이와 관련하여 탈북민 4명에게 인터뷰를 요청해 보았다.

Q: 북한의 여성들이 직장을 갖지 않은 경우, 어떤 경우에 가능할까요?

A1: 결혼한 경우입니다. 결혼하게 되면 직장에 나가질 않습니다. 직장에 나가지 않은 여성들은 남편의 직장에 부양가족으로 올라가게 됩니다. 그래서 세대주라는 말이 나온 겁니다.

A2: 결혼하면 직장에 나가지 않아도 됩니다. 직장에 나가지 않아서 남한으로 말하면 전업주부가 되는 겁니다.

A3: 결혼해서 군으로 이동하게 되면 직장에 나가지 않아도 됩니다. 같은 지역이면 직장에 나가지 않으면 눈치가 보입니다. 농민인 경우에는 다른 지역으로 가더라도 농장원으로서 일터에 나가지 않으면 안 됩니다.

A4: 직업을 가지지 않아도 되는 경우는 다양합니다. 1) 본인이 직장을 나가는 게 싫어서, 2) 직장에서 월급을 못 받아서, 3) 부

---

1 윤미량, "북한 여성의 위상과 역할," 북한연구학회 편, 『북한의 여성과 가족』 (서울: 경인문화사, 2006), 58쪽.

모가 직장 나가지 않도록 권유, 4) 결혼 등의 다양한 이유가 있을 수 있습니다.

이상의 탈북민 여성 인터뷰에서 살펴보면, 북한 여성들이 직장에 나가지 않아도 되는 경우는 결혼과 함께 다른 군으로 이동할 때이다. 이는 인터뷰에 응해 주었던 여성들 모두가 확인하는 바이다. 북한의 여성들이 결혼과 함께 직장에 나가지 않음으로써 여성은 가사를 돌보는 역할, 그리고 남성들은 직장에 나가서 생활비를 벌어오는 가장의 역할을 담당하게 되어 자연스레 부부 사이에 역할분담이 나눠지게 된다.

〈그림 8-1〉 개성공단에서 일하고 있는 북한 여성 노동자들의 모습

출처: 《연합뉴스》 (2015.7.22.)

물론 북한에서 결혼하더라도 직장에 다닐 수 있는 권리는 법적으로

보장되어 있다. 2010년 12월에 제정된 「녀성권리보장법」 제28조에 의하면 "녀성에게 적합하지 않은 직종이나 부서를 제외하고는 성별, 또는 기타 결혼, 임신, 해산 같은 것을 리유로 녀성을 받지 않거나 제한하지 말아야 한다"고 규정하고 있다. 27조에는 "직장에 다니는 녀성들이 로동에 마음놓고 참가할 수 있도록 탁아소, 유치원, 편의 시설 같은 것을 잘 꾸리고 바로 운영하여야 한다"고 규정해 직장 여성들이 결혼과 함께 출산할 경우 육아에도 도움을 주고자 하고 있다. 29조에서는 "3명 이상의 어린이를 가진 녀성로동자의 하루 로동시간은 6시간이며 생활비는 전액 지불한다"고 규정함으로써 편의를 보장해 주고 있다.

그러나 실제 북한은 1960년대 중공업발전 우선 정책에 따라 여성들이 일할 수 있는 직장이 그만큼 줄어들게 되었다. 이때부터 여성은 혁명의 한쪽 수레바퀴로 상징되면서 가정주부 역할을 강조하는 사회적 풍토가 만들어졌다. 더구나 1980년대 후반부터 경제가 침체되면서 여성들은 직장으로부터 밀려나는 현상이 심화되었고 1990년대 초 동구권의 사회주의체제 몰락과 북한 내부의 식량부족 등으로 여성들은 직장에서 점차 그 중요성을 잃어버리게 되었다. 여성들의 무직이 흔하게 볼 수 있는 사회적 현상이 되었다.

2. 북한의 여성동맹의 역할 변화 과정

북한 인구의 절반인 여성들의 활동 조직인 조선사회주의여성동맹의 최초 전신인 북조선여성동맹은 1945년 11월 18일 공식 창립되었다. 이 조직은 한국전쟁이 한창이던 1951년 1월 남북조선여성동맹 합동중앙위원회와 통합되면서 '조선민주여성동맹'으로 이름도 변경되었다. 여맹 조직은 2016년 11월 18일 조선민주여성동맹 제6차 대회 결정서를 통해서 '조선사회주의여성동맹'(이하 여맹)으로 다시 변경하였다.

여맹은 조선로동당의 외곽조직으로 북한에서 대표적인 대중조직이다. 여맹의 핵심 역할은 사상교양 조직인 동시에 여성과 당을 연결하는 인전대 기능이다. 여맹은 초기에는 18세 이상부터 55세까지의 북한 여성이면 모두가 조직원으로 가입해야 했다. 그러나 1983년 제5차 여맹대회에서 다른 근로단체에 가입하지 않은 여성들만 가입하는 조직으로 바뀌었다. 이에 따라 현재의 여맹의 주요 구성원들은 30대부터 60대까지의 가정주부와 여성 노인들이 핵심을 이루고 있다. 여맹은 한때 270만 명에 이를 정도로 대규모 조직이었다.[2] 여맹 조직이 270만 명이라는 의미는 30대부터 60대까지 무직 여성들이 270만 명에 이른다는 뜻이다.

여맹의 중앙위원회는 조선로동당 근로단체부의 지도를 받고 있으며, 산하 조직으로는 도·시(구역), 군·리(동) 단위별로 구성된 인민반을 두고 있다. 이들 각 단계별 조직들은 강연회, 예술 소조, 영화 관람, 선동 모임, 건설현장, 생산현장, 군대 등에 지원사업을 실시해 여성들의 사회주의 정치교양사업을 담당하고 있다. 전원회의는 1년에 2번 개최하며, 기관지 『조선녀성』을 1946년 9월부터 발행해 오고 있다. 이처럼 여맹 조직은 작은 마을단위 하부까지 조직됨으로써 외부로부터 전

2 문장순, "북한조선여성동맹의 역할 변화와 그 요인," 『평화학연구』, 제11권 제1호(2010), 128쪽.

〈그림 8-2〉 북한의 조선사회주의여성동맹의 조직체계

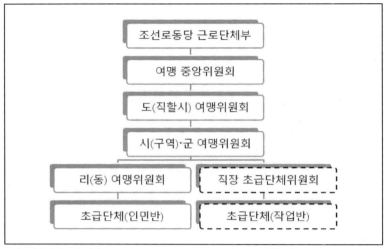

출처: 이기영, 「북한 여성동맹조직 역할 변천에 대한 연구-역사적 전환점을 중심으로」, 『아세아연
구』, 제60권 3호, 2017, 105쪽.

해 오는 문화나 물질적인 유입을 차단하고 사상교육을 실행하는 최후
의 보루 역할을 담당하고 있다.

여맹의 가입 절차는 청원자가 해당 초급단체에 청원하고 해당 초급
단체에서는 청원서 내용을 토의 결정하여 시·도 여맹위원회에서 비
준하는 형식을 거쳐서 결정된다.

여맹 조직은 시간이 경과함에 따라 북한의 정치·경제적 환경이 바
뀌고, 환경의 변화에 따른 역할도 변화를 겪게 되었다. 1) 북한 정권수
립기(1945~1948)에는 남녀평등을 법제화하는 등의 조치를 통해 일제식
민지와 봉건제를 청산하는 게 가장 두드러진 역할이었다. 2) 전후복구
기와 김일성 권력강화기(1950~1960년대)에서는 전쟁 기간 동안 남성들
이 많이 사망함에 따른 산업화 일선에 투입되었으며, 여성들의 정치적

혁명화에 참여해 김일성 유일지배체제를 떠받드는 역할을 부여받았다. 사상교육을 강화하고 사회주의 건설에 여성들을 동원하는 흐름들이 만들어져 탁아소, 유치원, 공동세탁소 등의 편의시설이 많이 만들어지기도 했다. 3) 김일성-김정일 권력 계승기(1970~1980년대)에는 여성이 생산현장에서 각광받기보다는 훌륭한 어머니와 순종하는 아내의 역할을 강조했다. 후계자 작업이 가장 중요했던 1970년대는 가족질서가 필요했기 때문으로 해석된다. 여맹의 기능을 약화시키려는 움직임이 강했다. 4) 김정일 시대(1994~2011)의 여맹은 북한의 대내외적 위기를 맞이해 활동 범위가 확대되었으며 경제위기 극복에 동원되었다. 배급제의 붕괴에 따른 가족의 생계를 책임지고 시장의 주역으로 등장하기 시작하였다. 5) 김정은 시대 여맹의 역할은 선대와 크게 달라지지 않았으나 여성 지위가 점진적으로 향상되고 있다.

북한을 둘러싼 대내외적인 환경은 북핵문제가 가장 큰 변수이다. 북핵문제가 고도화되면 미국을 비롯한 국제사회의 대북제재도 강화해 북한 내부의 자력갱생을 강조하는 흐름이 만들어질 것이다. 제재는 강화되면 될수록 시장의 확대로 이어지고 북한 여성들의 지위와 역할도 함께 커질 가능성이 있다.

3. 북한에서의 시장 – 무직 여성들의 삶의 터전

북한사회에서 시장이 존재한다는 것은 사회주의 정치경제학적인 시각에서 보면 모순이다. 사회주의체제인 북한은 계획경제로 작동되어야만 한다. 국가 자체가 거대한 하나의 공장과 같이 움직이는 게 사회주의 본래의 모습이기 때문이다. 국가가 공장이나 기업소에서 필요로 하는 원자재와 노동력을 공급하고 국가가 필요한 생산품을 생산하는 체제가 원래의 사회주의 구상이다. 이러한 사회주의를 작동시키기 위해 북한은 해방 직후인 1946년 3월 「토지개혁법」과 8월 「산업·운수·체신·은행 등의 국유화에 관한 법령」을 공포함으로써 국가가 계획하는 계획경제를 실현하기 위한 기초를 마련하였다. 이른바 사적 소유형태를 대폭 줄여서 국가 주도의 경제를 운용하기 위한 토대를 구축하였다. 이러한 기본적인 사회주의 계획경제 체제를 구축하는 데는 많은 노력과 희생이 있었다. 지주들의 저항도 만만치 않았다. 대부분의 사회주의 국가에서 사회주의 체제의 확립을 위한 전제 조건으로서 가장 필수적인 조치에 해당된다. 이러한 과정을 통해 개인과 민간 부문의 사적 소유를 국가적 소유로 전환하는 생산수단의 사회화가 이루어지는 것이다.

사회주의 국가에서 완전한 계획경제는 존재하지 않으며, 존재할 수도 없다. 왜냐하면 현실 사회주의 국가에서는 수요를 만족시키는 물질 생산이 충분하지 못하였기 때문에 국가의 계획적인 공급 이외에도 주민들 간의 물물교환이 이루어지는 '시장'이 존재할 수밖에 없기 때문이다. 북한에서도 사회주의를 공산주의로 넘어가는 과도기로 설정하고 프롤레타리아 독재가 아닌 인민민주주의를 받아들인 이유가 여기에 있다. 더구나 소련이나 중국과 같이 사회주의 혁명을 통해 체계적으로 사회주의 국가를 건설한 게 아니라 해방과 함께 갑자기 사회주의 경제를 건설하게 되었으므로 계획과 시장은 어떤 형태로든지 늘 공존해 왔다.

북한의 시장은 '농민시장'에 기원을 두고 있다. 농민시장의 등장과 유지는 북한의 토지개혁의 전개과정과 밀접한 관련을 갖고 있다. 북한은 1946년 3월 '무상몰수 무상분배'의 원칙에 따른 토지개혁을 소규모 개인 영농으로는 농촌의 부흥과 생활 개선이 어렵다고 판단해 농업의 집단화를 추진하였다. 한마디로 협동농장화를 추진하였는데, 여기에는 3단계를 거치면서 완성되었다. 1단계는 토지의 사적 소유를 인정하면서도 상부상조하는 형태의 집단농장형태로 1953년 8월부터 추진되었다. 2단계는 토지를 통합하여 운영하되 노동과 토지의 크기에 따라 분배하는 농장형태로 1954년부터 1956까지 진행되었다. 그리고 3단계에서는 토지 소유와 관계없이 노동의 양에 따라 분배하는 농장형태로 1958년 완성단계로 진입하였다.

이러한 토지개혁과 농촌집단화 속에서 북한 주민들이 필요로 하는 소비상품을 모두 만족시킬 수는 없었다. 이러한 부족한 상품 수요를 위해 농민들이 텃밭이라고 하는 30~50여 평 정도 규모의 소규모 사적 경작지에서 생산되는 농산물과 축산물 일부를 판매할 수 있는 시장이 열렸다. 이 시장을 통해 농촌과 도시에서 주민들이 직접 매매할 수 있는 '농민시장'이 허용되었다. 10일에 한 번씩 개설되었으며, 쌀과 옥수수 등 식량은 거래할 수 없었다. 농민시장은 1970년대 말까지는 북한 경제의 비교적 원활한 작동으로 활발하게 운영되지 않았으나, 1980년대부터 경제성장이 둔화되면서 농민시장은 활기를 띠기 시작했다. 1990년대 중반 북한 경제는 소위 '고난의 행군'으로 말미암아 농민시장의 거래 품목이 다양해지고, 시장이 서는 장소도 확산되면서 장이 서는 주기도 10일에서 매일장으로 바뀌었다. 이 무렵 북한에서는 '장마

당'이라는 이름으로 명칭도 바꿔 불렀다. 북한 당국의 시장통제도 1988년, 1994년, 1999년 등 여러 번 시도되었으나 배급제의 붕괴와 국유유통망의 기능 상실로 농민시장은 식량과 소비재 영역 등의 확대로 이어졌다. 2003년 3월부터는 시장이 합법화되었는데, 북한에서는 지역시장이라고 하고 남한에서는 종합시장이라고 불렀다. 이러한 지역시장은 2010년 200여 개에서 2016년 404개에 이른다는 연구결과가 있을 정도로 북한에서의 시장은 급속도로 늘어나고 있다.[3] 여기에 장마당까지 합하면 북한에서의 시장은 훨씬 더 많아지게 된다.

북한의 시장에서 상행위하는 사람들은 주로 여성들이다. 결혼한 여성들은 무직 여성들로서 시장에서 상행위 하기에 최적이다. 공장이나 기업소에 출근하지 않아도 되기 때문이다. 심지어는 공장에 출근하지 않고, 곧바로 시장으로 출근하는 경우도 있다고 한다. 이런 경우에는 출근하지 않은 일종의 벌금을 자신이 속한 공장에 납부해야 하는데 시장에서 장사하는 게 이보다 큰 이득이 되기 때문이다. 출근하는 여성들의 경우에도 퇴근 이후 곧바로 시장으로 달려가 장사하는 경우도 흔하

---

3   홍민 외, 『북한 전국 시장 정보: 공식시장 현황을 중심으로』 (서울: 통일연구원, 2016), 17-18쪽.

다. 이른바 투잡인 셈이다. 남성들은 아내의 장사를 성심껏 돕는 게 외조를 잘하는 일등 신랑감으로 꼽힌다. 북한사회에서 남성들은 점점 그 위상이 약해지고 있다. 남편들이 낮 전등, 멍멍이 등으로 불리면서 별로 쓸모없는 사람으로 취급받는 것은 시장의 확대에 따른 여성들의 권한과 지위 상승에 따른 반작용으로 해석된다. 북한에서 시장에 참여하고 있는 성인들의 비율은 80%를 넘어섰고, 시장을 통해 벌어들인 소득은 전체 소득의 70~80%에 달하는 것으로 알려지고 있다.

4. 북한 여성의 지위와 일상생활

북한은 해방과 함께 분단으로 이어지는 급변하는 한반도 정세가 전개되었던 1946년 북조선임시인민위원회를 통해 「북조선 토지개혁에 관한 법령」, 「북조선 로동자 및 사무원에 대한 로동법령」과 「북조선 남녀평등에 관한 법령」 등을 발표하였다. 이들 법령은 1948년 헌법을 제정한 이후에도 북한의 여성 권리를 구체적으로 규정했다는 공통점을 지니고 있다. 남한이 1987년 「남녀고용평등법」을 제정한 사실을 고려할 때 북한이 시기적으로는 여성의 지위에 대한 정책적 관심이 훨씬 앞서 있었다는 점을 나타내주고 있다.[4] 물론 북한이 법령을 제정한 이유는 여성 인권을 향상시키려는 의도 이외에 반제반봉건 기치를 내걸고 사회주의 체제를 건설하려는 목적에서 여성의 노동력을 활용하지

---

4   이에 대한 상세한 설명은 김석향, "일상생활에서 본 북한의 성평등 실태와 여성인권의 문제," 『북한의 여성과 가족』 (서울: 경인문화사, 2006), 275-277쪽. 참조.

않으면 안 되었기 때문이다.

여성 국회의원의 비율은 여성의 정치적 권리를 나타내는 지표 가
운데 하나다. 여성의 국회의원 비율은 1948년 제1기 최고인민회의 대
의원 구성에서 12.1%로 출발해 1970년대는 20%에까지 이르렀으나,
2021년에는 전체 687명 중 17.6%인 121명을 기록해 193개국 중 128
위를 차지하고 있다. 반면 남한은 1948년 1대 당시에는 여성 의원이 1
명으로 0.5%를 차지해 오다가 2006년 17대 국회를 기점으로 13%를
넘겼으며,[5] 2020년 21대 총선에서는 300명의 국회의원 중 57명으로
19%를 차지해 121위에 올랐다. 한편, 장관급은 북한은 전체 35명 가
운데 한 명도 없어서 조사대상 193개국 중 최하위에 올랐으며, 남한은
18명 중 5명으로 27.8%를 차지해 서아프리카 기니와 함께 공공 69위
에 올랐다.[6]

여성의 경제적 권리는 그 사회가 여성의 노동권을 어느 정도 보장하
는가, 그리고 여성의 경제활동 참여를 지원하기 위해 모성보호 및 아동
양육의 부담을 덜어주는 정책이 있는가 등으로 평가할 수 있다.[7] 북한
은 1946년 「북조선 로동자 및 사무원에 대한 로동법령」에서부터 동일
노동·동일임금의 원칙 등을 적용해 오다가 1949년 12월 공포한 「근
로자 임금적용에 관한 결정」(내각결정 제196호)에서도 이러한 원칙을 명

---

5   김병욱, "역대 여성 국회의원 비율은?," 《시사 오늘·시사 ON》 (2019.11.7.).
6   이조은, "북한, 장관급 고위직에 여성 '0'…세계 최하위," 《VOA》 (2021.3.10.).
7   김석향, 위의 논문, 278쪽.

확하게 규정하고 있다.[8] 1978년 「사회주의노동법」에서는 산전 60일과 산후 90일의 유급휴가 기간을 규정하고 있으며, 아동 양육을 위한 조치로 1948년과 1949년 「녀성상담소에 관한 규정」과 「산원에 관한 규정」을 마련하였다. 이 외에도 1947년 「탁아소 규칙」과 1949년 「탁아소에 관한 규정」을 두어서 양육을 제도적으로 뒷받침하였다.

반면 남한은 1987년이 되어서야 「남녀고용평등법」을 제정하고 1991년 「영유아보육법」을 제정해 여성 인권과 양육에 관해 관심을 기울이기 시작하였다. 이처럼 남북한의 법률과 규칙으로 여성의 지위를 평가한다면 북한이 시기적으로 앞서 있었다는 결론을 내리게 된다. 그러나 제도가 잘 갖추어져 있다고 해도 실제로 그에 걸맞은 대우가 이루어지는가 하는 문제는 다른 차원의 논의이다. 제도가 현실에서 작동되어서 효과를 불러오는 문제는 다를 수 있기 때문이다.

북한 여성들은 일상생활 속에서 딸을 더 환영하는 부모도 있지만, 일반적으로는 남아를 선호하는 경향을 보인다. 2006년 북한에서 제작된 〈한 여학생의 일기〉라는 영화에 "집안에 남정네 손이 없으니… 둘

〈그림 8-4〉 영화 〈한 여학생의 일기〉의 한 장면

---

8   한국경영자총연합회, 『북한의 노동법제』 (서울: 한국경영자총협회, 2000), 74-75쪽.

중에 하나만 아들이었어도 좋으련만 이제라도 하나 더 낳아보려무나,
아직도 늦지 않았다"라는 대사가 나온다. 딸 둘을 가진 가정에서 할머
니가 며느리에게 건네는 말이다. 보통의 할머니가 손자를 보고 싶어 하
는 마음이 깔려 있는 대사다. 며느리는 "내 나이가 몇인데요"라며 그냥
아무렇지도 않게 넘기지만, 북한사회의 남아 선호에 대한 인식을 보여
주는 하나의 사례라고 할 수 있다.

5. 북한 무직 여성들의 일상

1990년대 북한은 배급제가 붕괴되면서 공장 및 기업소의 가동률도
크게 떨어졌다. 이유는 구소련과 동유럽 국가들의 체제전환과 자연재
해, 그리고 식량난이 한꺼번에 밀려왔기 때문이다. 당시에 공장 가동률
이 〈표 8-1〉에서 보는 바와 같이 30%대로 떨어졌다. 공장이 멈춰 서

〈표 8-1〉 북한사회의 시장화 현황과 전망

구분	강철			시멘트			비료		
	생산량	생산능력	가동률	생산량	생산능력	가동률	생산량	생산능력	가동률
1992년	179.3	598.0	30.0	474.7	1,202.0	39.5	104.3	351.4	27.7
1994년	172.8	598.0	28.9	433.0	1,202.0	36.0	99.3	351.4	28.3
1996년	120.8	598.0	20.2	379.0	1,202.0	31.5	72.1	351.4	20.5
1998년	94.5	598.0	15.8	315.0	1,202.0	26.2	52.7	351.4	15.0
2000년	108.6	598.0	18.2	460.0	1,202.0	38.3	53.9	351.4	15.3

출처: 양문수, 『북한경제의 시장화: 양태 · 성격 · 메커니즘 · 함의』(서울: 한울, 2010), 20쪽.

자 그 여파는 북한사회에 큰 반향을 불러왔다. 남성들은 자의 반 타의 반으로 직장을 떠나야만 하는 경우도 많이 발생하였다. 이러한 분위기 속에서 여성들은 남성들에게 떠밀려 더 많은 수의 여성들이 직장을 떠날 수밖에 없었다. 결혼한 여성들의 경우에는 '무직'으로 집안에 주저앉을 수밖에 없었다.

직장을 잃고 가정에서 가사와 남편 내조, 아이들 돌보기에 집중하던 북한의 여성들이 '고난의 행군' 시기를 겪으면서 남편들의 국가 식량배급표가 무의미한 상황에 놓이게 되었다. 식량배급표를 갖고 있어도 배급이 이루어지지 않게 되자 휴지 조각이나 다름없게 되어 버린 것이다. 배고픔을 넘어서 죽음에 이를 수 있다는 공포는 현실이 되었다. 직장에서 밀려났던 '무직' 여성들은 생존을 위한 자구책으로 '장사'에 나설 수밖에 없었다. 북한 내부에 자생적 시장이 등장하게 되었다. 이른 바 '장마당'이다.

이때 남성들은 여러 형태로 존재했다. 아내를 내조하는 남편, 공장에 출근하는 남편, 아내에게 무력을 행사하는 남편, 8·3노동자로 장사하면서 가정을 꾸리는 남편 등으로 분류해 볼 수 있다. 이를 직업 유형으로 세분화해 보면 〈그림 8-5〉와 같이 5개의 유형으로 분류가 가능해진다.

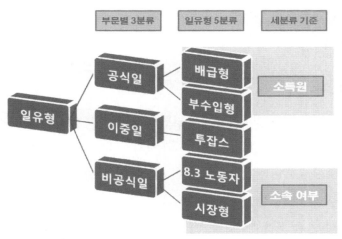

출처: 김화순, 「시장화 시기 북한 주민의 일유형 결정요인」, 『통일정책연구』, 제22권 제 1호, 2013, 85쪽.

　공식일 유형에 종사하는 집단들은 크게 두 유형으로 나눌 수 있다. 먼저 배급형으로 관리소 직원이나 군인들로서 배급에 의존하는 종사 자들을 말한다. 부수입형은 세도가 있는 집단으로 단속을 빌미로 시장 등에서 일하는 주민들로부터 뇌물을 받으면서 생활하는 간부들이다. 북한에서 수입이 최상위를 형성하고 있다.

　이중 일을 하는 부류들은 배급, 부수입, 장사 등 소득원이 다양한 집 단이다. 북한에서 대부분이 이중 일을 하고 있으며 의사나 교사의 경우 에도 퇴근 이후 사적 진료나 과외로 수입을 올리고 있다.

　비공식 종사자들은 소속 직장은 있으나 장사 등 부수입을 올리기 위 해 자신이 속해 있는 기업소에 일정 금액을 지불하고 시장에서 상행위 를 하는 근로자들인 '8·3로동자'와 소속이 아예 존재하지 않은 시장

에서 소득을 얻는 집단을 말한다.[9]

북한의 여성들이 시장에서 장사를 하는 경우 그 형태는 다양하다. 종합시장 매대에서 물품을 판매하는 형태를 '앉은 장사'라 부르고, 차량을 이용하여 지역 간의 물품을 유통해 수입을 올리는 형태를 '달리기 장사'라 일컫는다. 한편 '데꼬장사'로 불리는 상인들은 중개업자를 달리 부르는 말로 집데꼬, 돈데꼬, 쌀데꼬 등이 존재한다. 집데꼬는 남한의 부동산 중개업이라고 할 수 있으며, 돈데꼬는 사채업자, 그리고 쌀데꼬는 쌀장사에 가깝다고 볼 수 있다.

북한의 여성 상인들은 보통 10시(지역에 따라서는 9시)부터 18시까지 시장에서 장사를 한다. 농촌의 경우에는 봄철의 모내기 기간이나 가을의 추수 시기에는 오후 2시부터 20시까지 운영되기도 한다. 점심은 정해진 시간에 할 수 없으며, 장사하는 동안 손님이 뜸한 시간대를 활용하여 먹어야 한다. 이들은 공장이나 기업소의 근로자들이 수행하는 독보회는 진행하지 않는다. 대신 20~25세대로 편성된 인민반 단위로 매주 토요일에는 인민반장 주관으로 생활총화를 실시하고 있으며, 학습회 및 강연회는 인민반 10개를 묶어서 지역장을 두고서 실시하고 있다.[10] 과거에는 인민반의 규모가 도시와 농촌에서 차이가 있어서 보통 1개 인민반에는 30~40세대로 구성되어 있었다. 인민반의 직장이 없는 무직 여성들은 이른바 '가두여성'으로 불리면서 조선사회주의여성

---

9   이러한 북한의 일유형 분류는 김화순, "시장화 시기 북한 주민의 일유형 결정요인," 『통일정책연구』, 제22권 제1호 (2013), 85-86쪽 참조하여 정리하였음.

10 인민반의 구성에 대해서는 배영애, "김정은 시대의 인민반에 관한 연구," 『통일정책연구』, 제29권 2호 (2020), 5-6쪽. 참조.

동맹 속에서 별도로 활동을 하고 있다.

북한의 여성들이 시장에서 장사를 마치고 늦게 퇴근하는 경우에도 공장에서 퇴근한 남편들은 남자라는 이유로 부엌일을 외면하기 때문에 가족을 위해 저녁 식사를 준비해야 한다. 왜 여자로 태어나서 이런 고생을 하는가? 스스로 질책했다는 탈북 여성의 넋두리는 북한 여성들의 가족 내의 지위를 실감나게 하는 증언이다. 마치 남한의 1970년대 시골 아주머니들이 겪었던 모습처럼 아직도 북한에서 여성들의 가족 내에서의 위상은 약하다고 평가할 수 있다.

6. 북한 무직 여성들의 휴일 및 여가 생활

1990년대 '고난의 행군' 충격으로 의도치 않게 등장한 북한의 시장은 주민들 사이에서도 많은 변화를 가져오는 계기로 작용하였다. 시장의 등장은 승리한 자의 부와 패배한 자의 가난이 더욱 구체화되는 공간으로 나타났다. 빈부의 계층 간 격차가 두드러지는 현상이 나타나기 시작했다. 이러한 흐름이 20여 년 이상 지속되면서 북한에서는 개인이 부를 축적하여 신흥 부흥계층으로 등장하는 경우도 있다. 이른바 '돈주'들이 나타났다. 이들 '돈주'들은 초기 장사에 성공한 사람, 권력기관의 뒷받침을 받는 사람, 해외 친인척들로부터 자금을 지원받았던 사람들 등 여러 유형이 존재하였다.[11] 앞으로 이러한 돈주들의 영향력

---

11 정영철, "북한경제의 변화: 시장, '돈주', 그리고 국가의 재등장," 『역사비평』, 126호 (2019 봄호), 137쪽.

은 점차로 커질 것이며, 과거처럼 국가의 관료적 계획경제로 되돌리기는 불가능해 보인다.

북한사회의 계층별 다양화는 휴일 문화에서도 다른 형태로 나타났다. 서울대학교 통일평화연구원의 연구에 따르면 북한의 계층은 상류층의 비중은 8.9%, 중류층은 62.8%, 하류층은 35.8%로 나타났다.[12] 상류층들은 평양 창전 거리에 위치한 해맞이종합식당, 보통강 유역의 류경미래관(레저스포츠 시설, 이미용 시설), 평양 메아리 사격장, 평양 미림승마구락부 등에서 여가를 보내고 있다. 특히 김정은 국무위원장의 등장과 함께 북한에서는 서비스 산업에 많은 노력을 기울이고 있다. 이들 산업의 특징 가운데 하나는 고급시설과 함께 연관 산업을 함께 운영하는 현상을 보여주고 있다. 류경미래관의 경우 레저스포츠 시설에 이·미용 시설을 함께 운영함으로써 소비를 늘리고자 하는 형태의 산업이 등장하고 있다. 심지어 커피 전문점에서는 커피 한 잔에 4.5유로를 지불하고 커피를 마시는 커피 애호가들도 나타나기 시작했다. 중류층들은 가족 외식, 파티를 열어서 사업을 토의하거나 정보교환의 장(場)으로 활용하고 있다. 주로 찾는 곳이 평양 대동강 구역에 위치한 문수물놀이장 같은 곳이다. 여기는 입장료가 북한 돈으로 약 2만 원 정도 수준이다. 보통 근로자들의 월급의 3~4개월 합한 금액이다. 반면에 하류층들은 휴일이나 평일 저녁 시간에 청소, 빨래 등으로 휴식이 없는 휴일을 보내고 있다.

---

12 김학재 외, 『북한사회변동 2020: 시장화, 정보화, 사회분화, 보건』 (서울: 서울대학교 통일평화연구원, 2020), 79쪽.

7. 북한 여성들의 노후 생활

북한에서 무직 여성들이 되는 경우는 다양한 경로가 존재한다. 결혼
하면서 직장을 그만둔 경우이거나, 선천적·후천적으로 직장을 다닐
수 없는 경우, 직장을 다니다가 은퇴한 경우 등을 꼽을 수 있다.

결혼과 함께 직장을 다니지 않은 여성들뿐만 아니라 북한의 직장 여
성들 대부분이 시장에서 장사하면서 생활하고 있다. 시장의 여성들은
은퇴가 없다. 건강과 어느 정도의 이문이 생기면 장사는 계속한다. 그
래야만 생존할 수 있기 때문이다. 한 탈북민은 북한 주부들의 가장 큰
고민은 식의주의 '식'이라고 강조했다.

> 오늘 당장 무엇으로 견디며 지낼까를 고민하지, 노후를 대비하면
> 서 사는 여성들은 거의 존재하지 않는다. 아침에 눈 뜨면 무엇으로
> 아침밥을 하지, 아침이 해결되면 점심과 저녁, 내일은 어떻게 지내
> 지라는 걱정을 하게 된다.[13]

북한이 제도적으로는 노인복지가 어느 정도 갖추어져 있다고 할 수
있다. 노인의 범위가 2007년 제정된 '연로자보호법'에서는 남녀 모두
60세로 규정하고 있다. 반면에 '사회주의로동법'에서는 연로연금의 수
급 대상을 남자 60세, 여성 55세로 규정하고 있어서 두 법제 사이에
충돌이 일어나고 있다. 그러나 실제 연로연금을 받더라도 북한 돈 700
원 정도를 받는 데 그친다. 이는 북한에서 사탕 하나가 100원 정도 수

---

13 탈북민 L씨 인터뷰.

준이므로 사탕 7개를 구입할 수 있어서 북한 주민들이 큰 관심을 두지 않고 있다.

　그러나 앞으로 북한에서 노인문제는 점점 심각한 상황으로 다가올 가능성이 높다. 왜냐하면 2020년 현재 북한의 노인 인구 비중이 9.8%로 고령화 사회(전체 인구 가운데 7% 이상)에 진입하였으며, 머지않아 11.3%(2020~2025), 고령사회(전체 인구 가운데 14%)를 넘어서는 17.7%(2030~2035), 그리고 초고령사회(인구 가운데 20% 이상) 20.8%(2035~2040)로 진입해 들어갈 전망이기 때문이다.[14] 이렇게 노인 인구가 늘어가는 가운데 북한의 노인들은 대부분 가족들의 부양으로 생활하고 있는 것으로 나타났다. 서울대학교 통일평화연구원이 발간한 '2019 북한사회 변동'에 따르면 북한 노인의 주된 생활 유지 방법에 대해 응답자의 55.2%가 가족 부양에 의존한다고 답했고, 31%는 '시장에서 돈을 벌고 있다'고 했다. 그리고 국가에서 주는 연로연금과 쌀 배급으로 생활을 영위한다는 응답은 3.4%에 그쳤다.

　이렇게 가족 부양에 의존하는 북한의 노인복지 대책은 사회주의를 표방하는 북한이 은퇴자에게 매달 연금과 식량을 제공한다고 규정하고 있지만, 실제로는 지켜지지 않고 있음을 보여주는 사례로 평가할 수 있다. 설령 실행이 이루어진다고 하더라도 북한 주민들에게는 별다른 도움도 되지 않는 수준의 국가 시책들이다. 특히 시장에서 장사하는 여성들의 경우에는 국가로부터 공로연금 등의 수급 대상이 아니어서 더

14　UN, 『2019년 세계인구전망보고서』 참조.

욱 어려운 노후를 보내야만 하기에 부지런히 장사해서 돈을 벌어야만
어느 정도의 노후 생활을 유지하는 삶을 살아갈 수 있게 된다.

| 참고문헌

김석향. "일상생활에서 본 북한의 성평등 실태와 여성인권의 문제." 『북한의 여성
　　과 가족』. 서울: 경인문화사, 2006.

김학재 외. 『북한사회변동 2020: 시장화, 정보화, 사회분화, 보건』 (서울: 서울대
　　학교 통일평화연구원, 2020.

양문수. 『북한경제의 시장화: 양태·성격·메카니즘 함의』. 서울: 한울, 2010.

윤미량. "북한 여성의 위상과 역할." 북한연구학회 편. 『북한의 여성과 가족』. 서울:
　　경인문화사, 2006.

한국경영자총연합회. 『북한의 노동법제』. 서울: 한국경영자총협회, 2000.

홍민 외. 『북한 전국 시장 정보: 공식시장 현황을 중심으로』. 서울: 통일연구원, 2016.

김병묵. "역대 여성 국회의원 비율은?." 《시사 오늘·시사 ON》 (2019.11.7.).

김화순. "시장화 시기 북한 주민의 일 유형 결정요인." 『통일정책연구』. 제22권
　　제1호. 2013.

문장순. "북한조선여성동맹의 역할 변화와 그 요인." 『평화학연구』. 제11권 제1호.
　　2010.

배영애. "김정은 시대의 인민반에 관한 연구." 『통일정책연구』. 제29권 2호. 2020.

이기영. "북한 여성동맹조직 역할 변천에 대한 연구-역사적 전환점을 중심으로."
　　『아세아연구』. 제60권 3호. 2017.

정영철. "북한경제의 변화: 시장, '돈주', 그리고 국가의 재등장." 『역사비평』. 126호.
　　2019. 봄호.

이조은. "북한, 장관급 고위직에 여성 '0'…세계 최하위." 《VOA》 (2021.3.10.).

"'북' 자만 들어가면 골치가 아픕니다."

어느 대북지원단체의 대표가 10년여 전에 한 말이다. '북한'문제는 북한을 올바로 아는 것 자체만 해도 버거운데, 남북한은 물론 미국을 비롯한 국제사회의 이해가 엇갈려 총체적인 시각이 요구되어 복잡해지기 때문에 '골치가 아프다'는 말이 이해된다.

필자는 이 말을 했었던 대표에게 전적으로 공감을 표시한 바 있다. 북한 이슈는 간단하게 취급해서는 안 된다. 자칫 오해를 불러올 수도 있다. 북한에 대해 긍정적인 표현을 하면 '친북'이란 낙인도 쉽게 따라올 수 있기에 강의실을 비롯한 특강 자리에서는 늘 '있는 그대로의 북한'을 설명하려고 노력하고 있다. 그러나 북한에 대한 비판을 넘어 '비난'은 한계를 두지 않아도 되는 분위기다. 사실관계를 따지지도 묻지도 않는다.

얼마 전 필자가 경주에서 강의를 마치고 나오는데 한 여성이 달려와서 질문을 했다. 요지는 "평창 동계 올림픽 때 대북지원 쌀이 산더미처럼 포항 앞바다에 쌓여 있었다, 문재인 정부에서 지원하였는데 어떻게 생각하느냐?"고 물었다.

과연 이런 일이 있을 수 있을까? 대북 인도적 지원을 위해서는 절차가 여간 까다롭지 않다. 통일부 인도협력(대북지원 담당) 국장이 관련 부처 과장들과 실무협의회를 거친 이후 남북교류협력추진협의회 실무위원회(위원장 통일부 차관)을 거쳐 남북교류협력추진협의회(위원장 통일부장관) 등을 거쳐야만 비로소 지원 절차가 진행된다. 최근 미국을 비롯한 국제사회의 엄격한 대북제재가 진행 중인 상황에서 대북 쌀 지원이 미국 정부 몰래 문재인 정부가 추진한다는 소문이 아무런 제재나 검증 과정 없이 SNS상에서 확산되는 어처구니없는 일이 벌어졌다. 만약 진행되었다고 하더라도 운반한 선박과 대금을 결제한 은행은 바로 제재에 묶이게 된다. 쥐꼬리만 한 운송비 받자고 대형 선박을 저당 잡히고, 결제하는 은행은 바로 미국 재무부 블랙리스트에 오르는데, 이를 위해 선뜻 나설 선주가 어디 있으며, 어느 은행이 대행해 주겠는가? 남북교류협력법 등을 고려할 때 절대 일어날 수 없었던 일이라고 설명해도 믿어주지 않은 눈치였다.

이러한 현실에도 불구하고 북한 주민과 탈북민에 대해서는 두 가지만 당부드리고 싶다. 첫째, 따뜻한 시선이 필요하다. 북한 주민들은 '식·의·주'가 부족한 환경에서 자라고 생활하고 있다. 주민들 가운데 약 25%가 영양실조 상황에 노출되어 있다. 그 결과 남한 일반인들과 비교할 때 키는 약 8cm, 몸무게는 약 10kg이 적으며 평균 기대수명은 12세가 낮은 것으로 알려져 있다. 한마디로 북한 주민들 대부분은 남한 주민들에 비교해 왜소한 체격이라고 할 수 있으며 10년 이상 하늘나라로 먼저 떠난다는 의미다. 주거환경도 열악하여 온수와 냉수를 쉽게 사용할 수 있는 사람들이 많지 않다. 한 탈북민은 북한에 살고 있는 친정어머니와 통화하면서 25평 아파트에 살고 있으며 창문이 이중으로 달려 있고 따뜻한 수돗물을 사용하고 있다고 자랑삼아 말하는 현장을 목격한 적도 있다. 이 탈북민의 생활이 '북한의 장관급 주거 수준에 가깝다고 보면 된다'는 전언도 있다.

이러한 북한 주민들의 건강문제를 같은 민족공동체를 지향하는 남한이 외면하면 어떻게 될까? 북한에서 1990년대 중반 고난의 행군과 같이 대기근으로 이어질까? 아니면 북한의 정권 붕괴로 나타날까? 필자는 두 가지 모두 일어나기 힘들다고 생각한다. 왜냐하면 중국의 존재가 뒤를 봐주고 있기 때문이다. 중국은 미중 패권 경쟁 속에서 북한을 자기편으로 끌어들이기 위해 과거보다 적극적으로 북한에 대한 지원을 늘릴 가능성이 높다. 북한에서 1990년대와 같은 대규모 아사자 발생과 중국으로의 탈북 러시는 중국에도 엄청난 부담으로 작용할 것이기 때문이다. 북한 주민들이 이러한 상황에서 남한에 대한 감정은 어떨까? 같은 민족도 도와주지 않는데 중국이 도왔다면, 한미일 대 북중러의 대립구도 강화에 한층 기여하는 결과로 나타날 가능성이 커질 것으로 생각한다.

둘째, 북한 주민은 물론 탈북민에게 인내와 관용을 베풀어 주었으면 하는 바람을 갖는다. 동정 차원이 아니라 이해를 구하는 입장에서 조언하는 바이다. 북한 주민들은 모두가 생활총화에 참석하지 않으면 안 된다. 북한에서의 생활총화는 앞에서도 살펴보았듯이 자신을 먼저 비판하고 타인을 비판하는 절차라고 할 수 있다. 평생 이러한 조직 생활을 통해 비판하는 데는 일등 선수로 성장한 셈이다. 개인 차이는 있을 수 있지만 남한에서의 정착과정에서 취업, 건강, 생활에 도움을 주는 도우미들에게조차 날카로운 비판을 할 수도 있음을 넓은 아량으로 이해할 필요가 있다.

그 개인 인성의 문제가 아니라 북한 사회조직의 운용과정에서 몸에 익은 버릇으로 이해해 주길 바란다.

남북교류협력이나 통일을 꿈꾸는 사람이라면 북한에 대한 이해부터 출발해야 한다. 상대에 대한 이해 없이는 교류협력은 불가능하기 때문이다. 상대를 자세히 들여다보고 이해하면 그곳으로부터 교류는 이미 시작된 것이나 다름없다. 북한을 이해하기 시작하면 그때부터는 북한이 그 이전과는 다르게 보이기 시작할 것이다.

김정수

대구대 자유전공학부 조교수. 영남대학교 정치외교학과에서 북한학으로 박사학위를 취득하였다. 민주평화통일자문회의 사무처 통일정책전문위원(고공단), 통일부 인도협력국 국장(고공단), 통일연구원 객원 연구위원, 북한이탈주민지원재단 연구센터장과 기획총괄실장 등을 역임했다. 연구 실적으로는 『북한 이해의 축(軸)』이 대표 저서이며, 「경상북도의 실효적 남북교류협력 추진방안」(공저), 「대구지역 북한이탈주민의 효과적 지역정착지원체계: 굿 거버넌스 구축을 중심으로」, 「남북한 인도협력의 호혜성 제고 방안」, 「인도적 대북지원과 북한체제의 존속력에 미친 영향」 등 다수의 논문이 있다.

북한의 직업세계와 일상생활

초판인쇄 2022년 12월 12일
초판발행 2022년 12월 12일

지은이 김정수
펴낸이 채종준
펴낸곳 한국학술정보(주)
주 소 경기도 파주시 회동길 230(문발동)
전 화 031-908-3181(대표)
팩 스 031-908-3189
홈페이지 http://ebook.kstudy.com
E-mail 출판사업부 publish@kstudy.com
등 록 제일산-115호(2000. 6. 19)

ISBN 979-11-6983-006-5 93300